Grüß Gott!

Diesen DuMont Bildatlas haben wir von vornherein vier Seiten länger konzipiert als die meisten anderen Bildatlanten – so zahlreich sind die Sehenswürdigkeiten in Franken und die Erlebnisse. Jochen Müssig, der Autor des Bandes, schwärmt vom Flair der Städte Nürnberg, Bamberg und Bayreuth – und natürlich ganz besonders von dem seiner Geburtsstadt Würzburg.

VIEL KULTUR UND NOCH MEHR NATUR

Aber auch abseits der großen Städte hat Franken viel zu bieten. Allem voran Rothenburg ob der Tauber, das im Ausland offenbar für deutsche Romantik steht. Bei den für die Saison 2019/2020 von der Deutschen Zentrale für Tourismus ermittelten Top 100 der beliebtesten Sehenswürdigkeiten nimmt Rothenburg Platz 5 ein (nach Miniatur Wunderland Hamburg, Europa-Park in Rust, Schloss Neuschwanstein und dem historischen Dresden). Rhön, Fichtelgebirge, Spessart, Steigerwald und vor allem die Fränkische Schweiz sind dagegen ganz vorn, wenn es um Wandern und andere Outdooraktivitäten geht. Die schönsten Unternehmungen schlägt die Rubrik „Ja natürlich" vor. Vielleicht folgen Sie ja einmal dem Rhönradweg: Auf fast ebener Strecke radelt man durch die Berge (s. S. 51)!

GENUSSREGION PAR EXCELLENCE

Während im Osten (Bierfranken) sich eine Brauerei fast an die andere reiht, ist der Westen für seine Weinkultur (Weinfranken) berühmt. Mittlerweile kommen nicht nur großartige Weißweine aus Franken, auch die Rotweine haben internationales Renommee erringen können. Wo man sie am besten trinkt? Für Jochen Müssig keine Frage: auf den vielen Weinfesten der Region oder in einer Häckerwirtschaft, denn die sind schließlich wie die Franken selbst: direkt und herzlich.
Herzlich

Ihre

Birgit Borowski
Programmleiterin DuMont Bildatlas

Sein Auto ist zwar in München zugelassen, aber im Herzen ist unser Autor Jochen Müssig Franke – schließlich kam er in Würzburg zur Welt.

22

Nicht nur beim Kiliani-Volksfest geht es hoch her. Auch die kleinen Fluchten aus dem Alltag lassen sich in Würzburg angenehm gestalten.

Beim Wort Frankenwein denkt man zuerst an weißen Silvaner. Doch auch die Roten sind am Main stark im Kommen.

30

66

Kulisse für romantische Abendstunden: Rothenburg

Niemand weiß, wen der Bamberger Reiter darstellt.

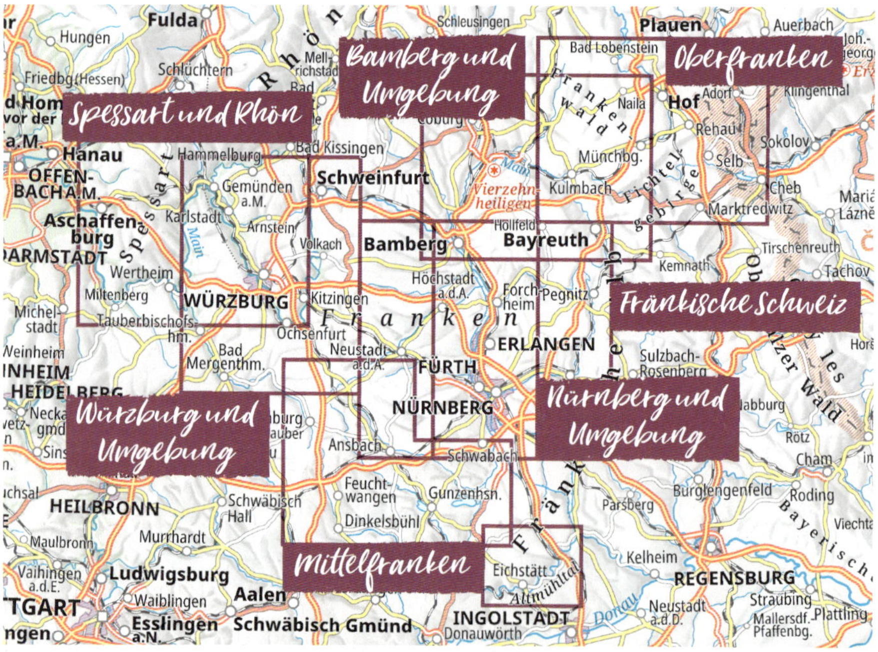

95

Das Beste erleben

Berührend, aufregend und spannend ...
sind unsere Ideen, die wir für Ihren Aufenthalt
in Franken zusammengetragen haben.

Grüne Wunder

*** 1 ***

DIE MAINSCHLEIFE BEI VOLKACH

Ein Schaustück Natur, das sich bei einem Fläschchen Unterfranken-Riesling wunderbar genießen lässt.
Seite 36

*** 2 ***

TÜCHERSFELD IST FRÄNKISCHE SCHWEIZ

Felsen und Fachwerkhäuser sieht man überall in der Fränkischen Schweiz, doch in Tüchersfeld sind sie besonders schön.
Seite 91

Typisch Franken

*** 3 ***

NÜRNBERGER CHRISTKINDLESMARKT

Kein Weihnachtsmarkt ist schöner, gemütlicher, authentischer.
Seite 64

Große Kunst

*** 4 ***

WÜRZBURGER RESIDENZ

Als eines der bedeutendsten Barockschlösser Welterbe mit einem fantastischen Deckenfresko von Tiepolo.
Seite 35

*** 5 ***

KUNSTWERK AMORBACH

Hauptattraktion ist die prachtvoll umgestaltete Benediktinerabtei mit ihrer Rokoko-Abteikirche.
Seite 50

Romantische Orte

*** 6 ***

MILTENBERGER MARKTPLATZ

Filmmotiv fürs „Wirtshaus im Spessart" – und beinahe denkt man, die haben die Kulisse halt nicht abgebaut ...
Seite 49

*** 7 ***

DINKELSBÜHLER TURMPARADE

Das reine Mittelalter – fünf Türme
und die bestens erhaltene Stadtmauer.
Seite 76

*** 8 ***

WELTERBE IN BAMBERG

Das Rathaus auf der Regnitz-Insel
ist ein Motiv, das für Deutschland steht.
Seite 103

*** 9 ***

PLÖNLEIN IN ROTHENBURG

Der vielleicht malerischste Platz im
malerischsten Städtchen.
Seite 75

Herrschaftliche Plätze

*** 10 ***

NÜRNBERGS KAISERBURG

Der Sitz der Macht im Mittelalter blieb
sehr gut erhalten – und ist Heimat einer
der schönsten Jugendherbergen Deutschlands.
Seite 63

*** 11 ***

ANSBACHS RESIDENZ

Die Markgräfliche Residenz zeigt sich als
Musterbeispiel für den Repräsentationswillen
barocker Fürsten.
Seite 76

*** 12 ***

COBURG UND KULMBACH

Kulmbachs Plassenburg gehört mit
Veste Coburg zu den besterhaltenen Burgen.
Seite 105 und 117

WEINSELIG AM MAIN

Den Wein trinken, wo er wächst: Das ist manchmal mehr wert als ein Prädikatssiegel auf dem Etikett. Wie in Randersacker (Foto), einem der schönsten Weindörfer am Main, wo es fast so viele Kellereien gibt wie Wohnhäuser. Die Vielfalt der fränkischen Weine lässt sich in einer urigen Winzergaststube oder auch in gestylten Vinotheken entdecken.

AUF ZEITREISE

2000 Jahre Geschichte sind für Frankenbesucher gegenwärtig – dank der Schlösser und Burgen, Residenzen und Klöster, Kirchen und historischen Stadtkerne. Reisen in Franken sind auch meistens Reisen in die Vergangenheit. Ganz kompakt geht das im Fränkischen Freilandmuseum Windsheim, wo man bei einem Rundgang durch mehr als hundert Gebäude eine Zeitreise durch fränkische Alltagsgeschichte machen kann.

EIN BILD VON FRANKEN

Alte Mainbrücke, Festung und das Käppele im Hintergrund – so sieht die Schokoladenseite von Würzburg aus. Die zweitgrößte Stadt Frankens steht für Main-, Wein- und Unterfranken: drei Bezeichnungen, die synonym benutzt werden. Gesprochen wird allerorts „fränggisch“, wobei die Franken sofort heraushören, aus welcher Ecke ihr Gegenüber kommt. Für den Fremden klingt alles zum Verwechseln ähnlich.

SPASS BIS ZUM ABWINKEN

Das geht nicht nur auf dem Oktoberfest in München! Frankens große Volksfeste bringen es auch auf ein Millionenpublikum wie das Nürnberger Volksfest, die Erlanger Bergkirchweih und das Kiliani-Volksfest in Würzburg (Foto), auf dem das Bier in Strömen fließt. Franken ist schließlich auch ein Bierland, besonders Oberfranken mit der größten Brauereidichte weltweit.

DIE KUNST BLEIBT IM RAHMEN

Nürnberg ist nicht Athen und Franken nicht Attika, aber dennoch muss sich weder die Museums- noch die Kulturlandschaft entlang von Main und Regnitz verstecken. Zu vier UNESCO-Welterbestätten gesellen sich unzählige Museen. Auf Frankens Besucher wartet also manche Überraschung – nicht nur im Germanischen Nationalmuseum in Nürnberg.

GASTHOF

EINE DEUTSCHE LIEBE

Die Häuser schief und das Fachwerk romantisch – zuweilen wird Franken von den Touristen beinahe zu Tode geliebt. In Rothenburg können sie ein Lied davon singen. Aber abgesehen von Rothenburg, Nürnberg, Würzburg und Bamberg ist Franken ein Reiseziel für deutsche Gäste geblieben. Die Preise sind günstig, die Qualität gut und Abzocke noch selten.

Unterfränkische Weingüter

DIESE LAGE, DIESER WEIN!

Irgendwann, vor 12 bis 15 Jahren, hat es angefangen: Junge unterfränkische Winzer übernahmen vielfach das Ruder im Familienbetrieb und entdeckten die herben, gebietstypischen Sorten neu, um sie mit hohem Niveau auf den Markt und in die Gaststuben zu bringen: Silvaner, Riesling, Müller-Thurgau – und auch Spätburgunder.

1 Nordheim und die Königin

„Wenn ich groß bin werde ich Weinprinzessin, dann Weinkönigin und dann Mutter", sagte Christina Schneider, und ihre Bitte an das Publikum, den mittleren Teil des Traums eines kleinen Mädchens wahr werden zu lassen, konnte die Jury ebenso überzeugen wie ihre Fachkenntnisse. Damit ging schon zum fünften Mal die Krone der Fränkischen Weinkönigin nach Nordheim. Christina Schneider vom Weingut Am Vögelein reichte zu ihrer Wahl 2016 übrigens – ganz untypisch für Franken – einen Chardonnay. Zum selbst probieren: Chardonnay Kabinett vom Nordheimer Vögelein und Weingut Am Vögelein.

Weingut Am Vögelein, Raiffeisenstraße 34, 97334 Nordheim, Tel. 09381 30 00, www.weingut-am-voegelein.de

2 Volkach und der Lump

Wer „Volkach" unter Weinkennern sagt, hört Escherndorfer Lump und Volkacher Ratsherr, zwei Lagen, die für die fränkischen Klassiker stehen: Silvaner, Riesling und Müller-Thurgau. Winzer Horst Sauer sagt: „Der Lump ist ein echter Sonnenfänger und wahrscheinlich der beste Weinberg Frankens." Auszuprobieren beispielsweise beim Riesling-Wein Escherndorf Am Lumpen vom Winzer Sauer.

Weingut Sauer, Bocksbeutelstraße 14, 97332 Volkach-Escherndorf, Tel. 09381 43 64, www.weingut-horst-sauer.de

3 Randersacker und die Kinder

Kommt man nach Randersacker, scheint jedes zweite Haus mit Wein zu tun zu haben, sei es ein Winzerhof, eine Gaststätte, bei der Trauben den Namen umranken, oder eine Weinhandlung. Randersacker ist bekannt für seine Lagen Sonnenstuhl, Ewig Leben und Pfülben, an denen auch Schmitt's Kinder lesen. Neun Generationen verbergen sich hinter dem Namen, der für substanzreiche Spitzenweine steht, so etwa den Silvaner Randersacker Sonnenstuhl.

Weingut Schmitt's Kinder, Am Sonnenstuhl 45, 97236 Randersacker, Tel. 0931 705 91 97, https://schmitts-kinder.de

4 Iphofen und Julius Echter

Silvaner, Riesling, aber auch die seltene Scheurebe sind nunmehr in der 14. Generation die bevorzugten Reben im Familiengut Wirsching in Iphofen. Die Gemeinde ist für ihr mittelalterliches und barockes Altstadtensemble bekannt, aber genauso für seinen Julius-Echter-Berg, eine berühmte Steillage. Zum Probieren: Iphöfer Julius-Echter-Berg Erste Lage Riesling von Wirsching, vielleicht im Restaurant „Zur Iphöfer Kammer", wo die Weine ausgeschenkt werden.

Weingut Wirsching, Ludwigstraße 16, 97346 Iphofen, Tel. 09323 87 33 0, www.wirsching.de

5 Rödelsee und der Küchenmeister

An den Ausläufern des Steigerwalds, am Fuße des Schwanbergs, liegt Rödelsee, ein gemütlicher Winzerort. Und wie ein Schwan mit ausgestreckten Flügeln erstreckt sich weitläufig der bekannteste Weinberg Rödelsees: der Küchenmeister, der schon 1360 erstmals urkundlich erwähnt wurde. Zum Anschauen im Ort: der jüdische Friedhof mit 2500 Grabsteinen. Zum Probieren: der Rödelseer Küchenmeister Riesling Prädikats-Eiswein, eine süße Verführung …

Weingut Melber, Dorfgraben 1, 97348 Rödelsee, Tel. 09323 34 96, www.weingut-melber.de

6 Burgund in Bürgstadt

Spessart, Main und Fachwerk dominieren den kleinen Marktort Bürgstadt mit seinen 4600 Einwohnern. Gleiches gilt aber auch für die Reben, Weingüter und Häckerwirtschaften: Bürgstadt ist ein Zentrum des Rotweinanbaus. Die beste Lage ist der Centgrafenberg, eine reine Südlage, aus der hervorragende Spätburgunder hervorgehen, die durchaus mit den französischen Konkurrenten mithalten können. Im Weingut Fürst, gegründet 1638, werden fast alle Arbeiten noch von Hand durchgeführt. Ein lohnender Tropfen ist der Bürgstadter Centgrafenberg Spätburgunder R von Fürst.

Weingut Fürst, Hohenlindenweg 46, 63927 Bürgstadt, Tel. 09371 86 42, https://weingut-rudolf-fuerst.de

7 Handarbeit aus Kreuzwertheim

Stolz thront sie über Kreuzwertheim und zeugt von langer Geschichte: Die ursprünglich staufische Burganlage aus dem 12. Jahrhundert gehört heute zu den größten und schönsten Burgruinen Deutschlands. Aber nicht nur die Wertheimer Burg lohnt die Reise an die Romantische Straße am Rand des Spessarts. Auch der Satzenberg und der Kaffelstein sind zumindest bei Weinkennern durchaus ein Begriff. Beide Steillagen werden noch immer traditionell komplett von Hand bewirtschaftet, und beide bringen erstklassige Weine hervor, etwa den Satzenberg Weissburgunder Zazo vom Weingut Alte Grafschaft.

Weingut Alte Grafschaft, Rathausgasse 5, 97892 Kreuzwertheim, Tel. 09342 55 00, www.altegrafschaft.de

Würzburg und Umgebung

*

MAIN IST DEIN GANZES HERZ

*

Würzburg prunkt nicht nur mit Residenz, Dom und dem Glanz und Gloria vergangener Tage, sondern hat sich von einer konservativ-katholischen großen Kleinstadt zu einer liebenswerten kleinen Großstadt gemausert, mit lebendiger Atmosphäre und süffigen Schoppen. Bei denen wunderbar erzählt wird: über Japaner und Kirchtürme, Stalingrad und Biebelried, Physik und Basketball.

Würzburgs Alte Mainbrücke ist weit mehr als ein Verkehrsweg.

Napoleon Bonaparte nannte Würzburg „das größte Pfarrhaus Deutschlands“ – auch seiner vielen Kirchtürme wegen. Am Alten Kranen am Mainkai legen nur noch Ausflugsschiffe an und ab.

Über die schwimmende „Fischbar zum Krebs“ geht der Blick auf die Alte Mainbrücke, die Festung und, dahinter, das Käppele.

Würzburgs Schutzpatron, der hl. Kilian, gehört zu den Brückenheiligen.

Man sieht sich: Die Alte Mainbrücke avanciert an lauen Sommerabenden regelmäßig zum pulsierenden und beliebtesten Treffpunkt der Stadt.

»DAS ALTE WÜRZBURG WAR EINE KLEINE GROSSSTADT – DAS NEUE IST EINE GROSSE KLEINSTADT.«

Heiner Reitberger, Würzburger Journalist und Maler

Da steht der Tourist aus Japan nun mit Sonnenhütchen und der unvermeidlichen Selfie-Stange. Er wirkt ein wenig ratlos. Die Festung Marienberg im Rücken, sucht sein Blick rastlos das unten liegende Würzburg ab. Auf die Frage, ob man helfen könne, antwortet er kurz: „Where is the Weltkultur?“ Ihm kann geholfen werden an diesem zweifelsohne besten Aussichtspunkt der Stadt. Der aber eines nicht bietet: den Blick auf die Weltkultur ...

Die Rede ist von der Fürstbischöflichen Residenz zu Würzburg, die zu den bedeutendsten barocken Schlossanlagen Europas zählt und die schon 1981 zur damals erst dritten deutschen UNESCO-Welterbestätte ernannt wurde – nach dem Aachener und dem Speyerer Dom. Der bei Baubeginn im Jahr 1720 noch junge und unbekannte Balthasar Neumann war ihr Architekt. Und der Venezianer Giovanni Battista Tiepolo schuf das unglaubliche Deckenfresko, eines der größten einteiligen Fresken, die je entstanden sind. Es gilt als sein Hauptwerk. Aber das interessiert Hiroto aus Otsu, wie er sich vorgestellt hat, gerade nicht besonders. Er will ja nur ein Selfie von sich, der Stadt und der Residenz im Hintergrund.

Würzburg, sagen Spötter, habe mehr Kirchtürme als Häuser. Und das Schicksal will es, dass zwei der 39 Kirchtürme die Residenz großenteils verdecken, wenn man von der Festung, dem Wahrzeichen der Stadt, darauf schaut. Hiroto bekommt also noch einen Tipp: Sein Wunschbild könne er vom Südgarten mit dem von Eiben umstellten Wasserbassin wunderbar fotografieren. Andererseits ist auch der Blick vom Käppele prachtvoll, etwa auf gleicher Höhe wie die Festung, nur südlicher und deshalb mit Weltkultur. Doch das Käppele – offiziell Mariä Heimsuchung, ebenfalls von Balthasar Neumann – ist nur etwas für Wallfahrer, Ur-Würzburger und „Schützenhof“-Gänger, da dieser Landgasthof von 1862 ebenfalls am Nikolausberg beheimatet ist. Trotz der besten Beerenweine weit und breit verirren sich dorthin nur selten ein paar Touristen.

ITALIEN? NUR ÜBER WÜRZBURG!

Für Fremde ist Würzburg ein niedliches Städtchen, heute wie schon vor 25 Jahren. In den Weinstuben aber ärgern sich die alten Würzburger, dass sich alles verändert habe. In den Studentenkneipen lästern die Jungen dagegen: Nichts tue sich hier, in der unterfränkischen

Würzburgs Stolz ist die ehemalige Fürstbischöfliche Residenz, an deren Errichtung und Ausgestaltung eine Vielzahl namhafter Künstler mitgewirkt hat – hier der Blick aus dem Hofgarten. Für den Bau war die seinerzeit astronomische Summe von 500 000 Gulden ausgegeben worden.

Die rund 370 000 Besucher pro Jahr können durch 40 prunkvolle Räume der Würzburger Residenz wandeln.

Der venezianische Barockmaler Tiepolo malte auch den Kaisersaal der Würzburger Residenz aus. Einmal im Jahr ist er die Kulisse für das renommierte Mozartfest.

Provinz ... Recht haben beide Seiten: Die Autobahnraststätte, die allen nördlich des Mains lebenden Italien-Urlaubern bekannt ist, gibt es immer noch. Sie thront wie die Festung über der Stadt (nur etwas versetzt), ist rund um die Uhr geöffnet und war früher ab Mitternacht der Treffpunkt der Jugend und Halbwelt, weil sonst nichts mehr offen hatte. Heute kann man in Würzburg auch noch nach zwölf ausgehen – ohne zur Raststätte fahren zu müssen. Würzburgs berühmtester Kabarettist Frank-Markus Barwasser, bekannt als Erwin Pelzig, provozierte einmal in einem seiner Programme: „Unsere Väter hatten Stalingrad, wir hatten das Biebelrieder Dreieck." Und im Mainfrankenpark, direkt am Biebelrieder Dreieck, warten die Bambini Kinderwelt, einer der größten Indoor-Spielparks Bayerns, und die „Cineworld" mit acht Kinosälen und modernster Technik auf junge Kundschaft. Davon weiß natürlich kein Tourist. Der nippt zufrieden an seinem Schoppen, in dem ein Würzburger Stein kredenzt wird, blickt von der Terrasse der Steinburg auf die Reben eben dieses Würzburger Steins, die Stadt mit den vielen Kirchtürmen und auf die Festung. Einzig das Heizkraftwerk ist ihm vielleicht ein Schandfleck – die Würzburger aber haben sich längst an das Ungetüm am Main gewöhnt. Ansonsten sind die Besucher aus aller Welt recht glücklich in und mit dieser Stadt. Was einfach zu erklären ist. Die lebendige Frankenwein-Metropole liegt inmitten von Weinbergen, ist voll von Weinstuben, was die Kulturvisite mit Residenz, Festung, Dom oder Alter Mainbrücke tagsüber bis in den Abend hinein verlängert. Denn in Würzburg gilt Wein als Kultur. Und es gibt auch jede Menge Kulturgeschichten dazu: etwa die vom bereits erwähnten Würzburger Stein, einem Riesling, der Goethes Lieblingstropfen war ...

B WIE PAUL UND D WIE TÜR

Dass die Innenstadt und Fußgängerzone inzwischen aussieht wie in allen anderen

Veitshöchheim ist eines der besonders reizvollen Würzburger Ausflugsziele.
Das kleine Schloss umgibt seit drei Jahrhunderten ein prachtvoller Garten.

Marktbreits Altstadt endet am über 400 Jahre alten Maintor. Der Handel auf dem Main brachte Wohlstand in die Stadt, die noch im 19. Jahrhundert Bayerns bedeutendster Kaffeehandelsplatz war.

Weinlese in den Weinbergen von Randersacker (oben). Fränkische Küche wird im Würzburger „Schützenhof“ serviert (unten links). Beim Kiliani-Volksfest (unten rechts) fehlt es nicht an Wein- und Bierseligkeit.

deutschen großen Kleinstädten und kleinen Großstädten, mit diesen „H & M“, „Rossmann“ und „Douglas“, dafür kann Würzburg ja nicht wirklich etwas. Aber immerhin klingen manche der austauschbaren Ketten in Würzburg goldiger – ähm, goldicher nadürlich: „Dagläs“ ist doch besser als „Douglas“, oder? Und bei „Dagläs“ muss man dem Fremden nicht mal klar machen, dass das ein normales unterfränkisches D ist und nicht ein D wie in „Dür“ (für Nicht-Franken: Türe).

Trotzdem findet man noch das eine oder andere Einzelhandelsgeschäft mit dieser schlichten, direkten, aber herzlichen Atmosphäre wie in jener Metzgerei, in der ein Werbespot gedreht wurde – und zwar mit dem inzwischen wohl berühmtesten Sohn der Stadt. Er, ein Riese von 2,13 Metern Größe, betritt das Geschäft. Und wie in seiner Würzburger Kindheit bekommt Basketball-Star Dirk Nowitzki eine Extrascheibe Wurst zum Sofortverzehr. „Damit du groß und stark wirst!“, sagt die Metzgersfrau und alle lachen – wie früher.

BERÜHMTE SÖHNE

In Sachen berühmteste Söhne der Stadt sei an dieser Stelle noch angemerkt: Wilhelm Conrad Röntgen entdeckte zwar 1895 im Physikalischen Institut der Universität Würzburg die nach ihm benannten Strahlen und bekam dafür 1901 als Erster den Nobelpreis für Physik, aber er ist kein gebürtiger Würzburger. Luitpold von Bayern, 1821 in der Residenz geboren und nach dem Tod von Ludwig II. Prinzregent von 1886 bis 1912, war sicher mächtiger. Auch Werner Heisenberg hatte als Physiker seine Meriten, darunter den Nobelpreis für Physik 1932, ebenso wie Joseph Neckermann, der Versandhändler und Dressurreiter mit zwei olympischen Goldmedaillen. Beide waren echte Kinder der Stadt. Aber weltweit am bekanntesten ist sicherlich der Sportler, der dank Würzburger Wurst und Fürsorge groß und stark wurde. Main ist doch sein ganzes Herz ...

Weinland Franken

MAIN SILVANER ROCKT

Franken ist bekannt für seine Weißweine, besonders für Silvaner und vorzügliche Rieslinge. Inzwischen mangelt es nicht einmal an internationaler Anerkennung. Doch die Roten haben ebenfalls einen Riesensprung nach vorne gemacht, vor allem am Mainviereck. Die Klimaerwärmung hat dazu ihren Beitrag geleistet …

Die Runde war international, der Ort weit weg auf dem fünften Kontinent. Und der australische Gastgeber schlug einen Riesling vor. Kaum war das Wort Riesling ausgesprochen, fielen alle Blicke auf den Deutschen in der Runde. Mitleidige Blicke, die sagen wollten: „Du Armer, mehr als einen Riesling aus Franken haben deutsche Weinkeller ja eh nicht zu bieten …". In solchen Momenten fühlt man sich nicht besonders gut. Das ist nun einige Jahre her.

Seitdem ist die nationale, aber auch die internationale Anerkennung, die Frankens Winzern und ihren Weinen entgegengebracht wird, spürbar gestiegen. Das Qualitätsstreben in den Weinbergen und Kellern zeigt Erfolge. Sogenannte Mystery Checks, Inkognito-Prüfungen in Gütern, die der Vereinigung „Franken – Wein. Schöner.Land!" angehören, decken Mängel auf oder bestätigen den eingeschlagenen Weg. Die Lagen Julius-Echter-Berg in Iphofen, Escherndorfer Lump in Volkach, Ewig Leben in Randersacker oder Würzburger Stein sind bundesweit ein Begriff. Und so mancher Tropfen ist gar in der Weltspitze angelangt.

NICHT MEHR NUR SILVANER

Frankens Steilhänge und der Silvaner gehören zusammen wie der Riesling und der Bocksbeutel, jene unverwechselbare, rund 300 Jahre alte Flaschenform. Aber in den unterfränkischen Weindörfern und den Würzburger Kellereien wie Juliusspital und Bürgerspital trifft man mittlerweile auch auf genauso niveauvolle Müller-Thurgau (zusammen mit Silvaner auf 50 Prozent der gesamten Anbaufläche), Bacchus, Kerner, Weißburgunder oder Scheurebe. Wobei angemerkt sein muss: Die Reben gab es schon immer, nur nicht das hohe Niveau. Auf dem Unterarm des Volkacher Top-Winzers Christian Müller ist für die Ewigkeit tätowiert: „Main Silvaner rockt". Sein Lieblings-Silvaner, den er Eigenart nennt, wächst am Hang Escherndorfer Lump und wird von Hand gelesen. Müller sagt: „Die Leute wollen mehr als den reinen Wein. Sie wollen etwas über das Terroir wissen und den Winzer, der hinter dem Wein steht, kennenlernen."

Während in den bekannten Weinanbaugebieten am Maindreieck, also um Würzburg, Volkach und Iphofen, an den Steilhängen zum Main vertikal und hauptsächlich Weiß angebaut wird, arbeiten die Winzer im Mainviereck häufig auf Terrassen und somit parallel zum Berg. Was nicht jeder weiß: Dort wachsen zu zwei Dritteln Rotweine. Und wer sagt, dass man deutsche Rotweine sowieso vergessen könne, dem sei unbedingt ein Ausflug ins Mainviereck empfohlen, wo hervorragende Spätburgunder gedeihen, die mit so manchem Konkurrenten aus Frankreich auf Augenhöhe stehen.

Im Weinkeller des Würzburger Juliusspitals (oben). Sebastian Fürst mit seinem Spätburgunder (gegenüber)

Im Garten des Würzburger Juliusspitals

WEIN IST IN FRANKEN WEIT MEHR ALS EIN GETRÄNK. WEIN IST HIER SCHON LEBENSART.

Weinaccessoire im Mainfränkischen Museum in Würzburg (oben). Typisch für Franken ist die Bocksbeutelflasche (unten).

„Burgund liegt in Bürgstadt", schrieb die „Welt am Sonntag". Während Wein-Papst Hugh Johnson immerhin attestierte: „Die Spätburgunder gelten zu Recht als die feinsten in Deutschland." Paul Fürst, Chef des 1638 gegründeten Weinguts Fürst in Bürgstadt, ist mit seinem Sohn Sebastian einer der Stars in Weinfranken. „Früher hatten hier alle einen Weinberg: der Schuster, der Lehrer, alle. Heute kann man Spitzenqualität nur noch mit Handwerk, Erfahrung, Passion und Terroir erzielen." Die Toplage Schlossberg in Klingenberg teilt er sich mit dem aufstrebenden, erst 35-jährigen Weinmacher Benedikt Baltes: „Ein Spätburgunder ist fein und elegant. Er ist nicht schwer und muss nicht dunkel sein. Durch die Klimaerwärmung sind wir nun in der Lage, klasse Spätburgunder zu erzeugen." Im Mainviereck wurden im Jahresmittel 1,6 Grad mehr nachgewiesen.

Baltes ist einer der wenigen in Franken, der seine Weine noch verkorkt. Allein dafür müsste ihm eine Auszeichnung verliehen werden, denn ein Schraubverschluss nimmt dem Weingenuss das besondere Etwas. Das unnachahmliche Plopp beim Öffnen der Flasche mit einem Korkenzieher gehört zu einem Ritual, das man mit rein praktischen Gründen nicht einfach vom Tisch wischen sollte. An der Toplage Schlossberg wird auch noch per Hand gelesen. Trotzdem produziert das Weingut knapp 60 000 Flaschen pro Jahr, zwei Prozent davon sind große Gewächse mit Preisen über 50 Euro pro Flasche, gereift natürlich in Spessart-Eiche.

AM BESTEN AUF EIN WEINFEST

Nirgends kann man Wein besser probieren, studieren und genießen als auf Weinfesten. Und davon gibt es in Deutschlands sechstgrößtem Weinanbaugebiet jede Menge. Etwa die „Weinparade", bei der ausschließlich Tropfen Würzburger Weingüter aller Qualitätsstufen ausgeschenkt werden: 100 Weine, begleitet von einem passenden Speisenangebot auf dem Würzburger Marktplatz. Natürlich gilt hier wie überall im Land: Weinfeste sind wie Franken selbst – direkt und herzlich.

Weinfeste (Auswahl)

Mai: **Wiesenbronn,** „Weinkost am Seegarten" (www.wiesenbronn.de).
Juni: **Hammelburg,** auf dem Marktplatz der ältesten Weinstadt Frankens, „Wein- und Gaumenfreuden" (www.hammelburg.de).
Juli, **Sommerach,** „Weinfest der Winzer" (www.sommeracher-weinfest.de); **Castell,** „Weinfest" im Schlosspark (www.castell.de); **Ippesheim,** „Weinfest" unterhalb von Schloss Lichtenstein (www.weinbauverein-ippesheim.de); **Mainstockheim,** „Wein am Main" auch auf der Mainfähre (www.mainstockheim.de)
August: **Würzburg,** „Weinparade" (www.weinparade.de).
September: **Nordheim,** „Kulinarisches Weinfest".
Eine **Broschüre** zu allen Weinfesten unter
www.haus-des-frankenweins.de

Durch Volkachs Weinberge führt ein alter Pilgerweg hinauf zur spätgotischen Wallfahrtskirche Maria im Weingarten mit Riemenschneiders berühmter „Maria im Rosenkranz".

Maßstab 1:300.000
0
3
6km
Burgsinn
Hammelburg
Gemünden am Main
Lohr am Main
Karlstadt
Arnstein
Werneck
SCHWEINFURT
Geldersheim
Gochsheim
Schonungen
Marktheidenfeld
Zellingen
Veitshöchheim
Rimpar
Schloss Hofgarten
WÜRZBURG
Höchberg
Feste Marienberg
Käppele
Residenz
Randersacker
Rottendorf
Dettelbach
Volkach
Kitzingen
Sulzfeld am Main
Iphofen
Marktbreit
OCHSENFURT
Frickenhausen
Sommerhausen
Eibelstadt
Reichenberg
Kist
Tauberbischofsheim
Lauda-Königshofen
Bad Mergentheim
Weikersheim
Creglingen
Uffenheim
Ohrenbach
Bad Windsheim
Gerolzhofen
Prichsenstadt
Wiesentheid
Reupelsdorf
Mainbernheim
Gramschatzer Wald
Riedener Wald
Steigerwald
Naturpark
Romantische Straße
Badische Weinstraße
Bocksbeutelstr.
Zellerau
Grombühl
Heuchelhof
Heidingsfeld
Frauenthal
Bad Kissingen/Oerlenbach
Niederwerrn
Poppenhausen
Dittelbrunn
Rothenfels
Kreuz Biebelried
Dreieck Würzburg-West
Wertheim/Lengfurt
Helmstadt
Gerchsheim
Heilig-Kreuz-Kapelle
Maria im Weingarten
St. Maria im Sand
Kitzingen/Schwarzach
Hergottskirche
Stuppacher Madonna
Wildpark Bad Mergentheim
Deutschordensschloss
Schloss Orangerie
Lagerhammelburg
Kloster Schönau
Schloss Saaleck
Homburg
Euerdorf
Elfershausen
Oberpleichfeld
Kürnach
Estenfeld
Gerbrunn
Giebelstadt
Röttingen
Aub
Grünsfeld
Wittighausen
Boxberg
1
2
3
4
5

WEIN SCHÖNER LAND

Würzburg ist ein wichtiger Bahnknotenpunkt im Herzen Deutschlands und zentraler Verkehrsknotenpunkt zwischen Nord und Süd sowie Ost und West. Ansonsten kommen Würzburg und seine unterfränkische Umgebung nur selten in die Schlagzeilen. Was nicht heißen muss, dass es dort langweilig ist!

1 Würzburg

Unterfrankens Hauptstadt (130 000 Einw.) feierte 2004 1300-jähriges Stadtjubiläum. Würzburg ist Bischofssitz (seit 741/742), war bis 1802 Zentrum des weltlichen Fürstbistums bzw. Hochstifts und beheimatet neben weiteren Hochschulen seit 1582 die älteste bayerische Universität – ihr letzter Nobelpreisträger (von insgesamt 14 !) war 2008 Harald zur Hausen (Medizin). Im März 1945 wurde die Stadt bei einem Bombenangriff fast vollständig zerstört.

SEHENSWERT

Die **Residenz** **TOPZIEL** (der Fürstbischöfe) wurde von 1720 bis 1744 nach Plänen von Balthasar Neumann gebaut. Das Schloss ist weltberühmt, nicht zuletzt wegen des von Tiepolo geschaffenen Deckenfreskos (1753) über dem Treppenaufgang; mit 18 × 30 m ist es eines der größten einteiligen Fresken, die je entstanden sind. Tiepolo freskierte auch den Kaisersaal (April–Okt. tgl. 9.00–18.00, sonst tgl. 10.00 bis 16.30 Uhr). Ein Spaziergang durch den Hofgarten lohnt ebenso wie der weitläufige Residenzplatz mit dem Frankonia-Brunnen (1894). Die Hofkirche stellt einen Höhepunkt sakraler Kunst in Würzburg dar.
Der **St.-Kilians-Dom** ist die viertgrößte romanische Kirche Deutschlands – um 1040 begonnen, vollendet 1237. 1945 brannte der Dom völlig aus (1967 Wiederaufbau in alter Form).
Stift Haug (1670–1691) an der Haugerpfarrgasse wird von vielen Besuchern irrtümlich für den Dom gehalten, denn der Doppelturm mit der mächtigen Kuppel prägt die Silhouette der Stadt. Im Inneren ist eine Kreuzigungsszene von Tintoretto zu sehen. Im **Lusamgärtlein** der **Neumünster-Basilika** (11. Jh.) am Marktplatz ist mit einiger Wahrscheinlichkeit Walther von der Vogelweide († 1230) begraben. In der spätgotischen **Marienkapelle** am Markt, 1377–1480 erbaut, finden sich Grabmäler fränkischer Ritter und Würzburger Bürger.
Die **Alte Universität** (Neubaustraße), 1582 gegründet, ist ein weitläufiger Renaissance-Komplex mit der Neubaukirche, die heute als Aula dient. 28 000 Studierende sind eingeschrieben. Das **Bürgerspital** (Theaterstraße, www.buergerspital.de) war urspr. ein Haus zur Versorgung von Armen und Kranken; architektonisch am eindrucksvollsten ist der Rote Bau von 1718. Das Weingut gehört zu den bedeu-

Das berühmte Treppenhaus der Würzburger Residenz

weitläufige **Juliusspital** (Klinkstraße 1, www.weingut-juliusspital.de) war Altenheim, Krankenhaus, Waisenhaus, Schule und Pilgerherberge; im Erdgeschoss zeigt eine der schönsten Rokoko-Apotheken Deutschlands ihre Originaleinrichtung. Das Juliusspital ist eines der drei größten Weingüter Würzburgs.
Auch der **Grafeneckart,** der Rathausturm (14. Jh.) an der Ostseite der Alten Mainbrücke, gehört zur eindrucksvollen Stadtsilhouette. Die monumentalen Fresken an den Saalwänden zeigen wichtige Personen und Ereignisse aus der Geschichte Würzburgs.
Der **Alte Kranen** am Mainufer steht zwar im Schatten der Burg, gilt aber für die Würzburger als Wahrzeichen der Stadt; er wurde 1773 gebaut, um den Güterumschlag zu vereinfachen.
Die **Alte Mainbrücke** soll bereits um 1120 errichtet worden sein. Im 15. Jh. kam es zum Neubau. Um 1730 kamen die charakteristischen, 4,5 m hohen barocken Heiligenfiguren dazu, darunter der Frankenapostel St. Kilian.
Die **Festung Marienberg** thront oberhalb der Stadt, von Weinbergen umsäumt. Schon um 1000 v. Chr. gab es hier eine keltische Anlage. 1201 wurde die Burg gegründet, von 1253 bis 1719 war sie Residenz der Würzburger Fürstbischöfe. Höhepunkte in der Anlage sind das Brunnenhaus und der Fürstengarten mit bes-

Das **Käppele,** die 1750 von Balthasar Neumann erschaffene Wallfahrtskirche Mariä Heimsuchung, schmiegt sich in gleicher Höhe wie die Festung an den Nikolausberg. Wallfahrer und Spaziergänger nutzen bis heute den malerischen Stationsweg vom Main aus.

MUSEEN

Das **Museum für Kunst- und Kulturgeschichte** zeigt eine Sammlung fränkischer Kunstwerke, darunter die weltberühmten Plastiken „Adam und Eva" von Tilman Riemenschneider, und eine Volkskunde-Abteilung (Festung Marienberg, https://museum-franken.de; April–Okt. Di.–So. 10.00 bis 17.00, sonst Di. bis So. 10.00–16.00 Uhr). Die **Staatsgalerie** in der Residenz bietet kostbare Beispiele venezianischer Malerei des 16. bis 18. Jh. (www.residenz-wuerzburg.de; April bis Mitte Okt. tgl. 9.00–18.00, sonst tgl. 10.00 bis 16.30 Uhr). Das **Museum am Dom** zeigt Kunstwerke eines Jahrtausends und stellt dabei neue und alte Kunst gegenüber (www.museum-am-dom.de; Di–So. 10.00–17.00 Uhr). Zeitgenössisches ist im **Museum im Kulturspeicher** zu sehen (Oskar-Laredo-Platz 1, www.kulturspeicher.de; Di. 13.00–18.00, Mi. und Fr.–So. 11.00–18.00, Do. 11.00–19.00 Uhr).

AKTIVITÄTEN

Schifffahrt auf dem Main nach Veitshöchheim (Veitshöchheimer Personenschifffahrt, Tel. 0931 5 56 33, www.mainschifffahrt.de; April bis Mitte Okt. tgl. ab Alter Kranen).

HOTELS UND RESTAURANTS

Auf der **€ € € Steinburg** geht man, nach Wein und Mahl, an Ritterrüstungen vorbei ins Vier-Sterne-Gemach (Mittlerer Steinbergweg 100, 97080 Würzburg, Tel. 0931 97 02 0, www.steinburg.com). Im **€ € Walfisch** wohnt man günstiger, modern und familiär (Am Pleidenturm 5, 97070 Würzburg, Tel. 0931 35 20 0, https://hotel-walfisch.de).
Im **€ € € € Reisers** genießen Gourmets Stadtblick und hauseigene Tropfen (Mittlerer Steinbergweg 5, Tel. 0931 28 69 01, www.der-reiser.de).
Im **€ € Schützenhof** hat man zu fränkischer Küche einen tollen Blick (Mainleitenweg 48, Tel. 0931 7 24 22, www.schuetzenhof-wuerzburg.de).

UMGEBUNG

Randersacker (5 km südl.) ist ein typisches Weindorf (schöner Rad-Ausflug am Main ab Würzburg).
Veitshöchheims Prunkstück legten die Würzburger Fürstbischöfe im 18. Jh. an: den Rokokogarten ihres Sommerschlosses (um 1680), einer der schönsten Deutschlands (tgl. 8.00 Uhr bis Einbruch der Dunkelheit; per Dampfer erreichbar, www.mainschifffahrt.de).

INFORMATION

Tourist-Information, Falkenhaus, Marktplatz 9, 97070 Würzburg, Tel. 0931 37 23 98, www.wuerzburg.de

2 Volkach

Das Weindorf an der Mainschleife (10 000 Einw.) gehört zu den schönsten Flecken in Unterfranken. Die Einheimischen sagen: Bei uns dreht sich der Main im Kreis, weil er sich hier am wohlsten fühlt …

Tipp

Burgen und Bauernhof

Eine sanfthügelige Natur, die bis auf mehr als 500 m ansteigt, Ruhe, aber auch das eine oder andere hübsche Städtchen wie Haßfurt und Königsberg in Bayern, dessen gesamte Altstadt unter Denkmalschutz steht, dazu Burgen, Schlossruinen sowie fränkisch-bodenständige Küche: Das bieten die häufig kaum beachteten Haßberge. Eine verborgene Schönheit, am besten in Verbindung mit Urlaub auf dem Bauernhof.

Tourismusverband Naturpark Haßberge, Marktplatz 1, 97461 Hofheim, Tel. 09523 503 37 10, www.hassberge-tourismus.de

Gemütliche Runde im Klosterkeller zu Kitzingen (links); Blick auf Kitzingen (rechts oben); an der Mainschleife bei Volkach (rechts unten)

SEHENSWERT

Den **Marktplatz,** die **Patrizerhäuser** und die mitten in den Weinbergen liegende spätgotische **Wallfahrtskirche Unsere Liebe Frau** (15. Jh.) mit Tilman Riemenschneiders berühmter „Madonna im Rosenkranz" sollte man gesehen und in einer der vielen Wirtsstuben einen Schoppen getrunken haben.

HOTEL

Das **€ € Hotel Zur Schwane** ist ein hübsches Haus mit Weingut (Hauptstraße 12, 97332 Volkach, Tel. 09381 80 66 0, www.schwane.de).

UMGEBUNG

Die **Mainschleife** TOPZIEL bei Volkach ist ein Schaustück der Natur und ein kontemplativer Ort zugleich – vor allem, wenn man einen Riesling aus Unterfranken dabei hat.
Auch die Weindörfer **Nordheim, Sommerach** und **Dettelbach** sind einen Ausflug wert; die Nordheimer behaupten, dass es bei ihnen außer den Winzern auch 100 Schnapsbrennereien gäbe. **Werneck** (25 km nordw.) ist bekannt für sein dreiflügeliges Schloss (1733 bis 1744) von Balthasar Neumann.
Blickfang der Industriestadt **Schweinfurt** (55 000 Einw.; 40 km nördl.) sind das Rathaus von 1572, das Zeughaus und die Kirche St. Kilian in neubarockem fränkischem Stil. Die Kunsthalle Schweinfurt ist Zeitgenössischem gewidmet (Rüfferstraße 4, www.kunsthalle-schweinfurt.de; Di.–So. 10.00–17.00 und Do. 10.00–21.00 Uhr); das Museum Georg Schäfer zeigt Werke bedeutender Künstler des deutschsprachigen Raums des 19.Jh. (www.museumgeorgschaefer.de; Di. 10.00–20.00, Mi.–So. 10.00–17.00 Uhr).

INFORMATION

Tourist-Information, Marktplatz 1, 97332 Volkach, Tel. 09381 4 01 12, www.volkach.de
Tourist-Information, Markt 1, 97421 Schweinfurt, Tel. 09721 51 36 00, https://tourismus.schweinfurt.de

3 Kitzingen

Das Kleinstädtchen (22 000 Einw.) geht auf eine Klostersiedlung zurück, die sich im 15. Jh. zu einer bekannten Weinhandelsstadt entwickelte.

SEHENSWERT

Ein Blickfang sind der schiefe **Falterturm** (Ende 15. Jh.), die **Alte Mainbrücke** (Ende 15. Jh.) und das Renaissance-**Rathaus** (um 1560). Das **Deutsche Fastnachtmuseum** ist in der Luitpoldstraße 4 zu Hause (https://deutsches-fastnachtmuseum.byseum.de; Di.–So. 13.00–17.00 Uhr, Fei. geschl.).
Dem ungewöhnlichen **Conditorei-Museum** ist ein einladendes Kaffeehaus angegliedert (Marktstraße 26, www.conditorei-museum.de; Mo.–Fr. 8.00–18.00, Sa.–So. 8.00–17 Uhr).

UMGEBUNG

Sulzfeld ist für seine Meterbratwurst bekannt. Wunderschön sind die Weindörfer **Rödelsee, Castell** und **Iphofen,** wo das Knauf-Museum seine Sammlung von Repliken antiker Reliefs zeigt (Marktplatz, www.knauf-museum.de, Di.–Sa. 10.00–17.00, So. 11.00–17.00 Uhr).

INFORMATION

Tourist-Information, Marktstraße 36, 97318 Kitzingen, Tel. 09321 20 88 88 www.visit-kitzingen.de

4 Ochsenfurt

Die gut erhaltene mittelalterliche Altstadt des Weinorts (11 500 Einw.) wird seit jeher von Mauern und Toren umschlossen.

SEHENSWERT

Im **Rathaus** (1496) sind Spieluhr und Gefängnisverliese, an der urspr. mittelalterlichen **Befestigungsanlage** die Türme und Stadttore beachtenswert.

HOTEL UND RESTAURANT
Im € **Gasthof Zum Schmied** (1268) lässt sich bodenständig-fränkisch speisen und übernachten (Hauptstraße 26, 97199 Ochsenfurt, Tel. 09331 24 38, www.hotel-schmied.de).

UMGEBUNG
Auch **Marktbreit** kann mit altem Flair aufwarten – u. a. mit seinem Malerwinkel-Ensemble aus dem 17. Jh.

INFORMATION
Tourist-Information, Hauptstraße 39, 97199 Ochsenfurt, Tel. 09331 58 55, www.ochsenfurt.de

5 Bad Mergentheim

Die baden-württembergische Stadt (24 000 Einw.; Stadtrecht 1340) war für knapp 300 Jahre Sitz des Deutschen Ritterordens (bis 1809).

SEHENSWERT
Zentrum ist das auf eine Wasserburg zurückgehende **Deutschordensschloss** (überw. 16. und 17. Jh.). Das dortige **Deutschordensmuseum** lädt ein zum Streifzug durch 800 Jahre Geschichte (www.schloss-mergentheim.de; April bis Okt. Di.–So. 10.30 –17.00, sonst Di.–Sa. 14.00–17.00, So. 10.30–17.00 Uhr). Fachwerkhäuser säumen den **Marktplatz**.

AKTIVITÄTEN
Die **Solymar-Therme** bietet ein attraktives Sport- und Familienbad, ein 37 °C heißes Sole-Mineral-Thermalwasser-Becken und sechs Saunas (www.solymar-therme.de; tgl. 9.00 bis 22.00, Mo. und Mi. ab 7.00, Fr.–Sa. bis 23.00 Uhr).

HOTEL UND RESTAURANT
Eine gute Adresse ist das zentral im Ortsteil Markelsheim gelegene € **Hotel Weinstube Lochner** mit fränkischer Küche, aber auch mit Schwimmbad und Sauna (Hauptstraße 39, 97980 Bad Mergentheim, Tel. 07931 93 90, www.weinstube-lochner.de).

UMGEBUNG
Im südl. gelegenen **Stuppach** entzückt die „Stuppacher Madonna" (um 1515), ein grandioses Marienbild von Matthias Grün ewald in der Pfarrkirche (www.stuppacher-madonna.de; tgl. 8.30–18.30 Uhr).
Nördl. liegt **Tauberbischofsheim** (www.tauber bischofsheim.de) mit seinem Kurmainzischen Schloss (Urspr. 13. Jh., 16. Jh.), östl. das verwinkelte **Weikersheim** (www.weikersheim.de) mit einem hohenlohischen Renaissanceschloss (Umgestaltungen bis ins 18. Jh.) samt schönem Park, barocken Amtshäusern und Zirkelhäusern.

INFORMATION
Tourist-Information, Marktplatz 1, 97980 Bad Mergentheim, Tel. 07931 57 48 15, www.bad-mergentheim.de

JA NATÜR LICH

KANU IN DER SCHLEIFE

Die komplette Bootswanderstrecke auf dem Main beginnt in Hochstadt im Coburger Land und erstreckt sich über knapp 360 Kilometer bis nach Aschaffenburg. Schilder zeigen Ein- und Ausstiegsstellen, Kilometerangaben, wie zum nächsten Anlandeplatz, aber auch Einkehrmöglichkeiten. Idealerweise paddelt man flussabwärts, so auch bei der Einsteigertour ab Eisenheim durch die Mainschleife, die einen herrlichen Tag auf dem Fluss beschert.

Geradezu jungfräulich schaut der Main aus: 9.30 Uhr, die Sonne blinzelt und die Einweisung ist schnell erledigt. Paddeln ist ja einfach! Jetzt wartet die Mainschleife, einer der schönsten Plätze entlang des ganzen Flusses. Die reine Paddelzeit für die kommenden 16 Kilometer wird meist mit vier bis fünf Stunden kalkuliert – inklusive Pausen für eine Brotzeit und den einen oder anderen Fotostopp rechnet man aber besser mit sieben Stunden. Eisenheim ist der Startplatz, Schwarzach der Endpunkt und dazwischen ...? Macht jeder, was er will! Tempo und Pausenplätze werden nach Gusto gewählt. Nur zum Endpunkt sollte man kommen: Dort wartet der Rücktransport per Bus.

Hier geht es nicht um die Olympiaqualifikation, sondern ums genussvolle Wasserwandern in wundervoller Natur.

Während der Fahrt, meist eingerahmt von Weinbergen an beiden Ufern, begegnet man kleinen Mainfähren, mächtigen Lastkähnen und anderen Paddlern, benutzt Sportbootschleusen und Landeplätze. Höhepunkt dieser Tour ist aber die Mainschleife bei Volkach mit den wunderbaren Weinlagen Escherndorfer Lump und Nordheimer Vögelein am Ende der Schleife.

Tourismusverband Franken, Pretzfelder Straße 15, 90425 Nürnberg, Tel. 0911 94 15 10, www.main-wasserwandern.de. Kanus und Kanadier für 2 bis 4 Pers., Paddelkurse und Mehrtagestouren gibt es bei: **Waterwalker**, Mühlgasse 3, 97230 Estenfeld, Tel. 09385 988 21 12, www.waterwalker.de

Spessart und Rhön

*

VON WEGEN NUR DÜSTER

*

Der Naturpark Spessart hat es in sich. Er ist das waldreichste Mittelgebirge und das größte zusammenhängende Laubwaldgebiet in Deutschland. Aber es gibt nicht nur uralte Baumriesen, sondern auch Aschaffenburg, Miltenberg und das Wasserschloss Mespelbrunn – reichlich Genuss und Geschichten in den Häckerwirtschaften nicht zu vergessen.

Seiner versteckten Lage verdankt das Wasserschloss Mespelbrunn, dass es von Kriegszerstörungen verschont wurde.

Der Spessart ist Wanderland – hier auf der Eselshöhe bei Rothenbuch.

Statt auf Schusters Rappen im Sattel: Reitertour bei Geiselbach

Der Mainzer Kurfürst Johann Schweickard von Kronberg ließ das Aschaffenburger Schloss als Residenz erbauen.

Die Aschaffenburger Stiftskirche überragt den Stiftsberg mit dem Stiftsbrunnen in seiner Mitte.

»JAHRTAUSENDE WOHL STANDST DU SCHON, O WALD, SO DUNKEL, KÜHN, SPRACHST ALLEN MENSCHENKÜNSTEN HOHN UND WEBTEST FORT DEIN GRÜN.«

Friedrich Schlegel, „Im Spessart", 1806

Pilot Werner braucht Luft unter den Füßen. Er ist Franke, spricht hessisch, fliegt für sein Leben gerne und liebt den Spaß. „Und jetzt mal Slalomfliegen!", krächzt es aus den Kopfhörern der zweisitzigen Propellermaschine. „Wir fliegen zwischen Windrädern durch. Deswegen haben sie diese Riesendinger doch aufgestellt ... Oder?"

Der Spessart von oben: Sieht aus wie sanfte, eng aneinander geschmiegte Büschel, die nur von Flusstälern und ein paar Ortschaften unterbrochen werden. Der Odenwald grenzt übergangslos an, Aschaffenburg grüßt von der Ferne. Man muss zwar nicht Reinhard Mey zitieren („Über den Wolken ..."), aber der Liedermacher hat das Gefühl zu fliegen schon sehr gut getroffen – auch wenn der Flug über Miltenberg schon sehr tief war ...

DAS BIER BLEIBT HIER

Im Schwarzviertel von Miltenberg ist die Weite weg, die Freiheit aber noch da. Das Schwarzviertel heißt so, weil die schmalen Gassen zwischen den Häusern kaum Sonne abbekommen. Das dort angesiedelte Brauhaus Faust, 1654 gegründet, nimmt sich die Freiheit zu sagen: Das Bier bleibt hier. „Unsere 18 Bierspezialitäten könnten wir nicht in gleicher Qualität produzieren, wenn wir überregional vertreiben würden", sagt Cornelius Faust. „Die Biere reifen schließlich sechs Wochen lang im 30 Meter tiefen Sandsteinkeller." Für eine Großbrauerei wäre das unmöglich.

Traditionen wie diese begegnen in Miltenberg auf Schritt und Tritt. Und wer am historischen Marktplatz steht, zieht schnell einen Vergleich und kommt zu dem Schluss, dass Miltenberg fast das bessere Rothenburg ist, da man trotz der Enge der Gassen die Freiheit hat, sich bewegen zu können, wie und wohin man will, was in der Tauberstadt angesichts der Besuchermassen manchmal nicht so einfach ist.

Den Wohlstand und die frühere Bedeutung Miltenbergs erkennt man unschwer an den prächtigen Fachwerkbauten, die zu den schönsten in Deutschland zählen. Die Großbürger bauten ihre Häuser aber damals schon aus Stein statt aus Holz, was die Steigerung von reich erklärt: steinreich. Das waren auch die Reisenden, die im „Gasthaus Zum Riesen" logierten. Es stammt aus dem 12. Jahrhundert und gilt als älteste Fürstenherberge Deutschlands. Seinerzeit konnte es 50 Pferde pro Nacht aufnehmen – und damit auch 50 Gäste ... Es lag sozusagen an der Autobahn 3 des Mittelalters, sah Hexenprozesse und -verbrennungen auf dem Vorplatz, bewirtete Könige wie Karl IV., Fürsten und Martin Luther.

Vom fachwerkgesäumten Miltenberger Marktplatz führt der Weg hinauf zum Schnatterlochturm. Durch den Renaissancetorbogen neben dem Centgrafenhaus geht es zur Mildenburg.

Von der Mainbrücke schweift der Blick auf die Altstadt am Flussufer mit der Stadtpfarrkirche St. Jakob aus dem späten 14. Jahrhundert und der alles überragenden Mildenburg.

Dem von der Miltenberger Faust-Brauerei bewirtschafteten Gasthof „Zum Riesen" gaben illustre Gäste die Ehre. Der heutige Bau aus dem 16. Jahrhundert steht auf gotischen Resten.

AUF IN DIE HECKE

Wem nicht der Sinn nach einem Bier im „Riesen" steht, kann auf einen Schoppen Wein in eine der zahlreichen Häckerwirtschaften einkehren. Diese in anderen Weingegenden als Strauß- oder Besenwirtschaft bekannten Wirtschaften sind typisch für die Gegend um Großheubach, nur ein paar Kilometer von Miltenberg den Main abwärts. Allerdings erfordert der Besuch Planung, denn die Öffnungszeiten sind auf jeweils wenige Tage im Jahr, verteilt auf vier Monate, begrenzt. Das ist eine der Bedingungen für die Winzer (fränkisch „Häcker", daher der Name), die mit ihren privaten Gaststuben – ohne Schanklizenz – ein paar Nebeneinkünfte erzielen wollen. Sie dürfen nicht mehr als 40 Sitzplätze (also rückt man halt zusammen!) und nur einfache Speisen anbieten, etwa Schlachtplatte, Bratwürste mit Kraut und blaue Zipfel, und dazu natürlich die Weine vom eigenen Hof. Bier gibt es nicht! Mit seinen insgesamt 1056 Tagen, an denen hier Häckerwirtschaften geöffnet sind, gilt Großheubach als die selbsternannte Welthauptstadt der Hecke, wie die Einheimischen sagen.

Allerdings können auch sie nicht übersehen, dass immer weniger Winzer in Franken für die traditionelle Häckerwirtschaft noch ihr Wohnzimmer oder ihre Garage ausräumen, um darin Tische und Bänke aufzustellen, wie es früher üblich war. Nicht wenige Betriebe haben inzwischen eine Gaststätten-Konzession, die ihnen erlaubt, mehr Plätze anzubieten und die Speisenkarte deutlich auszudehnen. Aber auch sie halten sich immer noch an die eingeschränkten Öffnungszeiten, und gemütlich-eng (und laut …) geht es auch bei ihnen zu (s. a. S. 53).

ÜBERFALL IM ANGEBOT

Fast mutet die Geschichte an wie die moderne Variante einstiger Spessart-Räubergeschichten: „Es grüßen die schrecklichen Räuber aus dem finsteren Spessart-Wald – wo die Pferde scheuen

Der knapp 928 m hohe Kreuzberg nördlich von Bad Kissingen ist beliebtes Wanderziel, gilt aber auch als Wallfahrtsort und heiliger Berg der Franken.

Blick über den Main auf Wertheim mit seiner Burg. Das überaus schmucke Städtchen liegt an der Mündung der Tauber in den Main und ist die nördlichste Stadt von Baden-Württemberg.

Die Bayerische Rhön an der Kissinger Hütte: ... ... Eine zünftige Brotzeit ist hier garantiert.

Special

Lohr am Main

Schneewittchen ...

... und die vier Gemeinden ist kein neues Märchen, sondern ein kleiner Zankapfel. Denn das Schneewittchen der Brüder Grimm hat ein Zuhause. Nur welches, und wo liegt es?

Alfeld in Niedersachsen will Schneewittchens Heimat sein, was ebenso zwei Gemeinden in Hessen für sich reklamieren und – Lohr am Main, das sich Schneewittchenstadt nennt. Forschungen zufolge handelt es sich bei Schneewittchens Vorbild um die 1725 in Lohr geborene Maria Sophia Margaretha Catharina von Erthal. Sie hat im Lohrer Schloss, heute Spessartmuseum, gelebt. Der gläserne Sarg, die eisernen Pantoffeln, der sprechende Spiegel und weitere Fixpunkte des Märchens können für Lohr belegt werden. Und der Wald, in dem Schneewittchen ausgesetzt wurde, da sind sich alle sicher, kann nur der Spessart sein. Den Kindern, die das Museum besuchen, ist das alles egal. Hauptsache, Schneewittchen kommt zu ihnen und liest Märchen vor.

und die Büchse knallt." So lautet das Motto der Mespelbrunner Spessart-Räuber, die buchbare Überfälle im Angebot haben, inklusive nachgestellter Szenen aus dem Film „Das Wirtshaus im Spessart", dazu Schnaps und Spessarter Apfelwein zur Versöhnung.

Schloss Mespelbrunn, wie das Miltenberger Schnatterloch 1957 ebenfalls Drehort vom „Wirtshaus im Spessart", wurde eben jener Räuber wegen von einem unbefestigten Weiherhaus zu einer Burg mit Mauern und Türmen umgebaut. Erst die folgenden Generationen nahmen die friedlicheren Zeiten zum Anlass, die zunächst abweisende Wasserburg in ein verträumtes Renaissanceschloss zu verwandeln. Bis heute liegt es versteckt, immer noch im Besitz der Erbauerfamilie. Die Grafen von Ingelheim, genannt Echter von und zu Mespelbrunn, bewohnen bis heute den Südflügel des Schlosses.

So romantisch Mespelbrunn auch ist, wenn es um das größte Spessartschloss geht, führt der Weg nach Aschaffenburg. Das prachtvolle Wahrzeichen der Stadt ließ ein Mainzer Kurfürst erbauen: aus rotgoldenem Buntsandstein, direkt am Main. Schloss Johannisburg diente schließlich als Residenz. Und da schätzt man festen Boden unter den Füßen – und keine Luft wie Werner, der Pilot.

Die schönsten Radwege

RADELN FÜR GENIESSER

Die Mountainbiker lieben die Wald- und Naturwege, die Rennradfahrer den Asphalt für hohes Tempo. Und der Genussradler mietet sich ein gutes Fahrrad und macht eine schöne Tour, die landschaftlich was hergibt, weitgehend flach ist und auch den einen oder anderen Biergarten ansteuert. Tipps für alle drei Kategorien gibt es hier.

1

4

1 Am Main entlang

Zugegeben, 499 km Strecke, wenn man am Zusammenfluss von Weißem und Rotem Main bei Kulmbach startet, haben es in sich. Aber der MainRadweg ist auch abschnittsweise befahrbar. Prima ist die einheitliche Beschilderung in beide Richtungen mit Kilometerangaben zu den nächsten Orten. Meist fährt man auf asphaltierten Radwegen, und es gibt wenige Steigungen. Dafür viele Ausblicke auf den Fluss, wie in Obereisenheim.

MainRadweg, www.mainradweg.com; Start/Ziel: Kulmbach/Mündung in den Rhein in Mainz

2 Durchs Altmühltal

Entlang der Altmühl kann man bestens radeln: von Gunzenhausen bis Kelheim sind es 167 km. Diese familienfreundliche Tour von der Quelle bis zur Mündung in die Donau verläuft weitgehend eben und naturnah fernab des Straßenverkehrs. Römische Bauwerke, Burgen, Kirchen und Klöster säumen den Weg. Wer nur Teilstücke fahren möchte: Von vielen Orten bringt der Bus müde Radler zurück zum Ausgangspunkt.

Altmühltal-Radweg, www.naturpark-altmuehltal.de/radfahren; Start/Ziel: Gunzenhausen/Kelheim

3 Die Bierkellerrunde

In der Fränkischen Schweiz macht auch das Radfahren Spaß, besonders, wenn man dieser einheitlichen Wegmarkierung folgt: ein Fahrrad mit Bierkrug und Sonne. Der überwiegend asphaltierte Radweg verläuft fast ausschließlich abseits öffentlicher Straßen oder auf separaten Radwegen. Es gibt kaum Höhenunterschiede und die nur 16,6 km weisen auf eine zeitlich überschaubare Tour hin, wenn nicht direkt am Weg 15 Bierkeller und Brauereien liegen würden.

Bierkellerrunde, www.strullendorf.de freizeit-kultur/freizeitgestaltung; Start/Ziel: Strullendorf

4 Die Weingenießertour

Reben, Reben und nochmals Reben: Eine weinreiche Tour beginnt im Winzerort Volkach und führt entlang der berühmten Mainschleife zu weiteren weinseligen Orten Unterfrankens wie Dettelbach, Neuses, Nordheim und Sommerach, natürlich auch zur Wallfahrtskirche Maria im Sand sowie zur Benediktinerabtei Münsterschwarzach. Der Höhepunkt im Wortsinn: Über Astheim geht es auf einem Weinbergsweg hinauf zur Vogelsburg, von wo man einen wunderbaren Blick auf die Mainschleife hat. Die insgesamt 35 km sind gut ausgeschildert. Rund 300 Höhenmeter werden überwunden.

Volkacher Mainschleifentour, www.fraenkisches-weinland.de/radfahren/ touren vorschlaege/; Start/Ziel: Volkach

5 Durch den Spessart

Maintal und Spessart geben die hübsche Kulisse, Wege aus der Römerzeit das Historische: Die 32 km lange, mittelschwere Mountainbike-Strecke Ei1 verläuft zu 90 % auf Feld- und Waldwegen zwischen Obernburg und Eisenbach. Sie ist abwechslungsreich und wird auch dem nicht so gut konditionierten Biker gerecht. In Obernburg bietet sich der Biergarten vom Römerhof als Stopp an.

Mountainbike-Rundstrecke Ei1, www.churfranken.de/aktiv-kultur/mountainbiking/; Start/Ziel: Eisenbach, Spessart

6 Für Asphaltjunkies

Noch eine Tour, bei der es vom Namen her ums Bier geht: Der Bierradweg Rhön verbindet zehn Brauereien, zwei Landwirte und eine Mälzerei. Tafeln informieren über die örtliche Bierkultur, den Braugerstenanbau und über das Malzen in der Rhön. Für Genussfahrer sind die 140 km Gesamtlänge an einem Tag allerdings nur schwerlich zu bewältigen. Für den passionierten Rennradfahrer sind sie dagegen ab und bis Bad Neustadt an der Saale eine schöne Tagestour, denn die Route verläuft komplett auf Radwegen und fast ausschließlich auf Asphalt.

Bierradweg Rhön, www.frankentourismus.de/aktiv/Radwege- und touren; Start/Ziel: Neustadt an der Saale

7 Auf dem Rennsteig

Mit genau 56,9 km und 1406 zu meisternden Höhenmetern gehört die Mountainbike-Strecke 3 Rennsteig-Region Süd ganz sicher zu den fahrerisch und auch konditionell fordernden Strecken, die in Steinbach am Wald, nördlich von Kronach, beginnt und auch dort endet. Mit dabei sind Bachdurchfahrten, ein echter Wurzeltrail und auch knackige Anstiege auf ruppigem Untergrund. 70 % der Strecke fährt man auf Forstwegen, 20 % auf Trails und lediglich 10 % sind Asphalt-Belag.

MTB-Rundstrecke 3 Rennsteig-Region Süd, www.steinbach-am-wald.de/freizeit-erholung-und-tourismus; Kartendownload über Frankenwald Tourismus, www.frankenwald-tourismus.de/de/touren; Start/Ziel: Steinbach am Wald

Bad Kissingen
Hammelburg
Gemünden am Main
Karlstadt
Würzburg
Kitzingen
Werneck
Arnstein
Veitshöchheim
Marktheidenfeld
Lohr am Main
Wertheim
Aschaffenburg
Miltenberg
Klingenberg am Main
Obernburg am Main
Erlenbach am Main
Freudenberg
Burgsinn
Rieneck
Zellingen
Rimpar
Höchberg
Dettelbach
Spessart
Bayerischer
Naturpark
Naturpark Hessischer Spessart
Gramschatzer Wald
Deutsche Ferienroute Alpen-Ostsee
Spessart-Höhenstraße
Nibelungenstr.
Deutsche Fachwerkstraße
Badische Weinstraße
Maßstab 1:300 000

FEINE FÜRSTEN UND DREISTE RÄUBER

„Kinzig, Sinn und Main schließen all den Spessart ein," weiß ein Merkvers. Der Spessart nimmt auch ziemlich genau das Mainviereck ein, schließt Bayern und Franken nach Westen hin ab und zieht sich in nördlicher Richtung etwas nach Hessen hinein, wo sich die bayerische Rhön dann nahezu nahtlos am Flusslauf der Sinn anschließt.

1 Aschaffenburg

Unterfrankens zweitgrößte Stadt (70 000 Einw.) ist einstiger Residenz- und heutiger Industriestandort, das Tor nach Hessen und in den Spessart – wenn man von der vielbefahrenen Autobahn 3 kommt.

SEHENSWERT

Monumental steht **Schloss Johannisburg** am Mainufer, ein Renaissancebau von 1614, quadratisch angelegt, mit vier Flügeln und vier Türmen. Der ehem. Zweitsitz der Kurfürsten von Mainz beheimatet die Hofbibliothek, in der eine Gutenberg-Bibel aufbewahrt ist. Das **Pompejanum** (1840–1848), eine Nachbildung eines in Pompeji ausgegrabenen Hauses, ließ Bayernkönig Ludwig I. erbauen. Die **Stiftskirche St. Peter und Alexander** wurde bereits 975 erwähnt. Die Altstadt auf dem Stiftsberg birgt noch viele Fachwerkhäuser aus dem 15. und 16. Jh.

MUSEEN

Die **Staatsgalerie** im Schloss besitzt eine der bedeutendsten Sammlungen mit Gemälden von Lucas Cranach d. Ä. (www.pinakothek.de/besuch/staatsgalerien; Di. 10.00–20.00, Mi.–So. 10.00–18.00 Uhr). Das **Städtische Schlossmuseum** zeigt u.a. die Korkmodellsammlung des Hofkonditors Carl May: Ab 1792 schuf er verblüffend detailgenau das antike Rom en miniature, u. a. das Kolosseum (www.museen-aschaffenburg.de; April–Sept. Di.–So. 9.00 bis 18.00, sonst Di.– So. 10.00–16.00 Uhr).

AKTIVITÄTEN

Der **Badesee Niedernberg** lädt zum Schwimmen und Sonnenbaden ein; er liegt nur 15 Autominuten südl. der Stadt.

VERANSTALTUNGEN

Die **Aschaffenburger Kulturtage** Anf. Juli bieten Musik, Open-Air-Kino, Kleinkunst und Kinderkultur sowie die lange Museumsnacht (www.aschaffenburger-kulturtage.de).

HOTEL UND RESTAURANT

Tagsüber Sightseeing und abends 10 km südl. der Stadt Ruhe, Wellness mit Blockhaussauna, Pool und Privatstrand – oder überhaupt mal einen Badetag einlegen: im **€ € Seehotel** in Niedernberg mit sehr gutem Restaurant (Leerweg, 63843 Niedernberg, Tel. 06028 99 90, www.seehotel-niedernberg.de).
Das **€ € € Restaurant Oechsle** serviert gehobene fränkische Küche. Festtagsbraten gibt es auf Vorbestellung (Karlstraße 16, Tel. 06021 2 31 32, www.zumgoldenenochsen.de).

UMGEBUNG

Mespelbrunn, Inbegriff eines romantischen Wasserschlosses (15. Jh.), liegt verwunschen in einem Spessart-Tal. Da noch von der Erbauerfamilie bewohnt, ist das Innere mit Rittersaal, Ahnentafel und Waffensammlung nur bei Führungen zu besichtigen (www.schloss-mespelbrunn.de). Witzig ist ein inszenierter Spessart-Räuberüberfall (www.mespelbrunner-spessart raeuber.de).

INFORMATION

Tourist-Information, Schlossplatz 2, 63739 Aschaffenburg, Tel. 06021 39 58 00, www.info-aschaffenburg.de

Blick von der Mildenburg auf Miltenberg mit der Jakobuskirche

2 Miltenberg

Ab dem 13. Jh. im Besitz des Erzbischofs von Mainz, bildeten Schifffahrt und Fischerei, Weinbau und Brauwesen, Holz- und Buntsandsteinverarbeitung bis ins 19. Jh. die Basis für Wachstum und Blüte der Stadt (10 000 Einw.). Nach Eröffnung der Maintalbahn in den 1870er-Jahren siedelte sich auch Industrie an.

SEHENSWERT

Wem der Sinn nach mittelalterlichem Fachwerk, nach Stadtmauern und Tortürmen steht, ist hier sehr gut aufgehoben (tgl. 14.00 Uhr kostenfreie Führungen; Treffpunkt siehe www.miltenberg14uhr.de). Der **Marktplatz** TOPZIEL gehört zu den malerischsten in Deutschland. Fachwerkhäuser, Marktbrunnen (Renaissance, 1583) und Schnatterlochturm (der Name leitet sich von „Snade", Grenze, ab, denn der nahe Regenwassergraben war einst die Stadtgrenze) geben ein sehenswertes Ensemble ab. Darüber thront erhaben die **Mildenburg,** die schon um 1200 als Mainzer Grenzsicherung errichtet wurde. Die Aussicht ist den etwas mühsamen

Aufstieg zum Greinberg wert. Die **Hauptstraße** ist Fußgänger-, Einkaufs- und Freilichtmuseumszone in einem. Fast jedes Haus zeigt Fachwerk. Das **Alte Rathaus** (Urspr. 14. Jh.) war eines der ersten Steinhäuser in Miltenberg. Dort geben Hochwassermarkierungen an, wann und wie hoch der Main über die Ufer getreten ist. Das wunderschöne Eckhaus von Oswald & Menges (Hauptstraße 121) ist verziert mit Lebensbäumen und Eicheln, die Geburt symbolisierend. Und wer sich eine neue Brille kaufen möchte, kann dies in einem der ältesten Fachwerkhäuser Deutschlands (um 1330; Hauptstraße 136) tun. Der **Jüdische Friedhof**, ein verwunschen schöner Ort, liegt parallel zur Hauptstraße am Burgweg.

MUSEEN

Die **Alte Amtskellerei** (16.–18. Jh.) wurde zum stadtgeschichtlichen **Museum Stadt Miltenberg** (Hauptstraße 169, www.museum-miltenberg.de; Mitte März–Okt. Di.–So. 10.00 bis 17.30, Nov.–Mitte Jan. 11.00–16.00 Uhr). Auch die Mildenburg ist Museum: Das **Museum Burg Miltenberg** beherbergt Werke moderner Kunst und eine Ikonensammlung (www.museum-miltenberg.de; Mitte März–Okt. Di.–So. 11.00 bis 17.30 Uhr).

AKTIVITÄTEN

Rundflüge über den Spessart bietet der Flugsportclub Odenwald (www.fsco.de). Auf dem **Eselsweg** wurde bereits im 14. Jh. Salz von Bad Orb nach Miltenberg zur Verschiffung

Tipp

Leiterchen mit Kraut

Frisches Kesselfleisch, fränkische Bratwürste, Kochkäs, Meisel-Knödel (mit Hackfleisch gefüllte Kartoffelknödel), aber auch Wurst, Schinken, Käse und Rippchen (Leiterchen) mit Kraut kosten in einer Häckerwirtschaft pro Portion deutlich weniger als in Gasthöfen und Restaurants. Den Winzern wird jeweils für wenige Tage erlaubt, ihre Stube, das Wohnzimmer oder die Terrasse – für maximal 40 Personen – zu öffnen, um hausgemachte Küche und den eigenen Wein anzubieten. Die Termine entstehen von selbst durch die Arbeit am Weinberg und in der Kellerei. Man setzt sich zusammen. Tische für sich alleine gibt es nicht. Häckerwirtschaften gehören zur urfränkischen Weintradition.

Broschüre mit Adressen und Öffnungszeiten: Mainland Miltenberg – Churfranken, Hauptstraße 57, 63897 Miltenberg, Tel. 09371 660 69 75, www.churfranken.de/genuss-wein/wein/haeckerkalender

gebracht. Heute führt der Wanderpfad quer durch den Spessart (www.naturpark-spessart.de). Die Region gilt als Top-Mountainbike-Region (Trailpläne und App unter www.churfranken.de). Schön ist auch die **Dampfer-/Fahrrad-Kombination** nach Wertheim: Mit dem Rad auf dem Maintalradweg 35 km hin und dann wieder mit dem Schiff zurück oder umgekehrt (www.mainschiffe.de).

VERANSTALTUNG

Auf Weinfesten (www.churfranken.de/genuss-wein/wein/weinfeste) kommen auch die besten Weine der churfränkischen Winzer ins Glas.

HOTEL UND RESTAURANTS

Der **€ € € / € € Schafhof** ist ein ehem. Klostergut mit Wurzeln im 15. Jh. – kaum ein Landhotel Frankens liegt so idyllisch und strahlt so viel Ruhe aus (Schafhof 1, 63916 Amorbach, Tel. 09373 97 330, www.schafhof.de). Imposant präsentiert sich die älteste Fürstenherberge Deutschlands, das von der Faustbrauerei betriebene **€ Gasthaus Zum Riesen,** in dem sich hervorragend im historischen Ambiente oder auf der Terrasse speisen lässt (Hauptstraße 99, 63897 Miltenberg, Tel. 09371 98 99 48, www.riesen-miltenberg.de).
€ € Zipf's Wein- und Gasthof Steuer bietet hinter seinem alten Fachwerk Ochsenfleisch, gekocht oder geschmort (Hauptstraße 42, Tel. 09371 72 86, www.weinhof-steuer.de).

UMGEBUNG

In der östl. anschließenden Fachwerkgemeinde **Bürgstadt** gibt es zahlreiche Weingüter (auch Hofverkauf). **Großheubach** (nördl.) lohnt wegen seiner Häckerwirtschaften. 612 Stufen führen hinauf zum Kloster Engelberg (13. Jh.); Bayerns kleinste Weinanbaufläche (1 ha) wird dort von Franziskanern bewirtschaftet.
In **Kleinheubach** steht das von einem Versailles-Architekten entworfene Schloss Löwenstein (um 1730; nur der Park ist zugänglich). **Klingenberg** (nördl.) ist stolz auf eine der besten Weinlagen der Gegend und die Ruine Clingenburg (Urspr. 11. Jh.).

Amorbachs mächtige Abteikirche (links); Wertheims fachwerkgeprägte Altstadt (oben)

Von bewaldeten Höhenzügen umgeben, entstand der Kern des barock geprägten Luftkurorts **Amorbach** (außerhalb der Detailkarte, 10 km südl. an der B 469) aus einem Benediktinerkloster. Die Altstadt steht unter Denkmalschutz: Rathaus (1478), Kirchen, Fachwerk und Kopfsteinpflastergassen machen sie zu einem Schmuckkästchen. Hauptattraktion ist die 794 gegründete und im 18. Jh. prachtvoll umgestaltete **Benediktinerabtei TOPZIEL** mit der viertürmigen, im Rokokostil ausgestatteten Abteikirche und dem Konventbau, zu dem die Klosterbibliothek im „Zopfstil" gehört. In die Zehntscheuer (1488) zog eine Kleinkunstbühne (www.zehntscheuer-amorbach.de).

INFORMATION

Tourismusgemeinschaft Miltenberg, Bürgstadt, Kleinheubach, Rathaus, Engelplatz 69, 63897 Miltenberg, Tel. 09371 40 41 19, www.churfranken.de, www.miltenberg.info
Informationszentrum Bayerischer Odenwald, Schlossplatz 1, 63916 Amorbach, Tel. 09373 20 05 74, www.amorbach.de

3 Wertheim

Die gut 1000-jährige Stadt mit heute 23 000 Einw. lohnt einen Abstecher, obgleich die meisten Besucher eher am Wertheim Village, direkt an der A 3, interessiert sind.

SEHENSWERT

Am Zusammenfluss von Main und Tauber erhebt sich die **Burgruine Wertheim,** die binnen 500 Jahren, zwischen dem 12. und 17 Jh., erbaut wurde, um dann 1619 im Dreißigjährigen Krieg zerstört zu werden. Im Ortszentrum finden sich zahlreiche **Fachwerk- und Giebelhäuser** und das Kittsteintor zur Tauber, etwas außerhalb **Kloster Bronnbach** (12. Jh.).

EINKAUFEN

Das **Wertheim Village** ist als Luxus-Outlet mit mehr als 110 Boutiquen weithin bekannt (www.tbvsc.com/wertheim-village/de).

UMGEBUNG

Die „Schneewittchenstadt" **Lohr am Main** (30 km nördl.) hat eine gut erhaltene Altstadt und das Spessartmuseum (Schlossplatz 1, www.spessartmuseum.de; Di.–Sa.10.00–16.00, So. und Fei. 10.00–17.00, Märchenstunde April bis Okt. 2. und 4. So. ab 15.00 Uhr). In **Karlstadt** (westl.) sind Teile der Stadtmauer erhalten, insb. am Mainufer.

INFORMATION
Tourismus Region Wertheim Gerbergasse 16, 97977 Wertheim, Tel. 09342 93 50 90
www.tourismus-wertheim.de
Tourist-Information, Schlossplatz 5
97816 Lohr am Main, Tel. 09352 1 94 33
www.lohr.de

4 Bad Kissingen

Das südliche Tor zur Rhön ist eine der bekanntesten Kurstädte Deutschlands. Ihr Renommee verdankt die 21 000-Einw.-Stadt ihrem Salz und sechs Heilquellen, deren Wirkung schon im Mittelalter gerühmt wurde – und nicht zuletzt wegen der illustren Gästeliste.

SEHENSWERT
Im Zentrum stehen die **Kuranlagen** an der Saale mit schönen, im 19. Jh. entstandenen Bauten wie Europas größter Wandelhalle, der Brunnenhalle mit dem berühmten Rakoczy-Wasser und der Spielbank.

MUSEUM
Das **Museum Obere Saline** zeigt die Bedeutung des Salzes für das Heilbad auf und beheimatet das Bismarck-Museum (er weilte 15 Mal in Kissingen). In den musealen Schauräumen wurde einst Geschichte geschrieben, wie das Kissinger Diktat von 1877, in dem Bismarck seine Bündnispolitik umriss (Obere Saline 20, Mi.–So. 14.00–17.00 Uhr).

AKTIVITÄTEN
Im altehrwürdigen **Kurhausbad** wie auch in der modernen **Kisssalis Therme** stehen Anwendungen, Pools, Saunas und Dampfbäder zur Wahl (www.badkissingen.de, www.kisssalis.de; tgl. 9.00–22.00, Fr. und Sa. 9.00–24.00 Uhr).

VERANSTALTUNG
Der Rosengarten ist im Juni Schauplatz des **Rosenballs** mit mehr als 150 Rosensorten und 12 000 Rosenstöcken.

HOTEL UND RESTAURANT
Im **€ € Dappers Hotel & Spa** mit nur 27 Zimmern finden die Gäste einen Saunabereich mit fünf Saunen, Pool, Whirlpool und Sandbad vor (Menzelstraße 21, 97688 Bad Kissingen, Tel. 0971 78 54 80, www.residence-dapper.de). Gehobene regionale Küche unter Kristallleuchtern wird im **€ € € Restaurant Kaisersaal** gereicht (Am Kurgarten 5, Tel. 0971 70 10, www.kaiserhof-victoria.de).

INFORMATION
Tourismus-Information, Am Kurgarten 1
97688 Bad Kissingen, Tel. 0971 804 84 44
www.badkissingen.de

FLACH DURCH DIE BERGE

180 Kilometer ist der Rhönradweg lang. Durch die Täler der Saale, Brend, Ulster und Werra führt er vom fränkischen Hammelburg durchs Hessische nach Thüringen. Logisch, dass es bei einer Mittelgebirgsstrecke nicht immer eben zugeht. Der Scheitelpunkt liegt gar bei 830 Meter. Der Vorschlag deshalb: lieber vorwiegend flach fahren, von Schönau nach Hammelburg beispielsweise, eine schöne Ein-Tages-Tour mit einer Länge von 70 Kilometern.

Das Rhönrad ist ein Turngerät, das Otto Feick in Schönau an der Brend erfunden hat. Ein Fortbewegungsmittel ist es natürlich nicht. Aber wir stellen der Tour einen Besuch am Rhönrad-Denkmal in Schönau voran. Dann geht es los, zunächst über 12 Kilometer nach Bad Neustadt, wo die Brend in die Saale mündet. Drei Mineralwasser bietet die Kurstadt in ihrem Brunnenhaus an.

Ab Bad Neustadt verläuft der Rhönradweg im Tal der Fränkischen Saale. Sie ist das verbindende Element der Bäderregion Rhön-Saale mit ihren Kurstädten. Die gesamte Strecke ist übersichtlich beschildert. Vorwiegend auf Asphalt, ohne viel Verkehr und über nur wenige Steigungen führt der Weg via Bad Bocklet

Vor dem Radeln noch ein Blick aufs Rhönrad-Denkmal: Das Sportgerät besteht aus zwei Reifen, verbunden durch sechs Sprossen, ist 50 Kilogramm schwer und hat bis zu 2,40 Meter Durchmesser.

nach Bad Kissingen. Erst danach sind längere Abschnitte nicht asphaltiert, aber dennoch gut befahrbar. Immer wieder verlocken kleine Weindörfer zur Rast, ehe schließlich in Hammelburg, in der ältesten Weinstadt Frankens, das Tagesziel erreicht ist.

Es gibt **neun Verleihstationen** entlang der Route Schönau–Hammelburg, auch für E-Bikes. Außerdem verteilen sich auf der Strecke **sechs Akku-Wechselstationen**. Auskunft hierzu sowie zu Bustransfers und Tourenarrangements erteilt: **Tourismus GmbH Bayerische Rhön**, Spörleinstraße 11, 97616 Bad Neustadt an der Saale, Tel. 09771 687 60 60, www.rhoen.de.
Die 22 fahrradfreundlichen Hotels im Verbund von **Bett + Bike** bieten in der Bayerischen Rhön auf Wunsch auch Transfers an (www.bettundbike.de).

Nürnberg und Umgebung

*

EIN DÜRER UND DRA IM WEGGLA

*

In der Liste der größten deutschen Städte belegt Nürnberg den 14. Rang. Das ist besser als der heimische Fußballklub, der sein Dasein in der Zweiten Bundesliga fristet. Trotzdem, Vierzehnter klingt nach Mittelmaß, das mit Christkindlesmarkt Lebkuchen und Rostbratwürsten – ihrer eben drei im Brötchen – gerne aufgehübscht wird. Eine Spurensuche nach mehr.

Kulturergenuss im Germanischem Nationalmuseum in Nürnberg

Den Nürnberger Hauptmarkt zieren der Schöne Brunnen und die Frauenkirche.

Blick vom Wehrgang des Tiergärtnertors auf Bergstraße und Obere Schmiedgasse – und über allem thront die Nürnberger Kaiserburg.

Abendliches Leben rund um das Tiergärtnertor. Hier steht auch das wieder aufgebaute Albrecht-Dürer-Haus, wo der berühmteste Nürnberger von 1509 bis zu seinem Tode 1528 wohnte.

Die Nürnberger Lorenzkirche zählt zu den schönsten und größten gotischen Kirchen in Süddeutschland.

»NÜRNBERG, DU TREUE, FLEISS'GE STADT, WO DÜRERS KRAFT GEWALTET, UND SACHS GESUNGEN HAT.«

Max von Schenkendorf
1815 in „Die deutschen Städte"

Ein sonniger Frühsommertag am Dutzendteich: Die Leute hocken auf Decken in der Wiese, kicken auf Tore, die auf die Schnelle mit Skistöcken markiert sind, eröffnen die Grillsaison, blinzeln von der Parkbank in die Sonne oder fahren Tretboot. Eine Volksparkidylle für die Nürnberger. Aber für Besucher eine Idylle mit bedrohlicher Geschichte im Hintergrund: Sie sehen weder Bikinis oder Fußball, noch Grill oder Schwanenboot. Sie sehen zunächst nur die Kulisse: das Reichsparteitagsgelände mit der Kongresshalle, dem zweitgrößten erhaltenen nationalsozialistischen Monumentalbau in Deutschland (nach dem KdF-Gebäude Prora), und das Zeppelinfeld, einst Aufmarschgelände der Nazis. „Reichsparteitagsgelände, Nürnberger Prozesse und der ganze Nazi-Mist. Ich kann es nicht mehr hören!", sagt ein junger Mann etwas harsch zu einem Touristen, der sich scheinbar erkundigen wollte. „Wie wahr, wie wahr!", pflichtet eine junge Frau bei, ein Nürnberger Gewächs und „vom Zabo", wie sie noch hinzufügt. „Das ist das Stadtviertel dort drüben. Richtig heißt's Zerzabelshof." Klingt auch irgendwie nach einem Rang 14 …

„Fakt ist, Nürnberg lässt sich weder auf die Nazi-Vergangenheit noch auf sieben Zentimeter Bratwurst reduzieren. Da bin ich dann doch fränkische Patriotin!" Sind's nun „Sieben Zentimeter"? So nennt sich Jan Beinßens Nürnberger-Bratwurst-Krimi, ein Kenner der Stadt, der auch „Dürers Mätresse" nachging. Oder sind es „Neun Zentimeter", wie die Ausstellung zur berühmten Bratwurst im Stadtmuseum hieß? „Egal! Die Wurst ist auf jeden Fall groß genug, dass der Hoeneß damit gute Geschäfte macht!", meint die junge Frau „vom Zabo".

WER ODER WAS IST DÜRER?

Womit wir bei einem ganz heiklen Thema wären: Nürnberg gilt ja als Schattengewächs, weil die bayerische Landeshauptstadt München einfach alles im Freistaat überstrahlt. „Ja, ja, das hätten die Münchner gerne, aber wer bitteschön hat die Kaiserburg, die DTM am Norisring, Rock im Park, eine Strandbar wie die da drüben oder Dürer?" Dürer? Ein Teenager von heute weiß doch nicht mal wer oder was das ist. Na gut, die grünen Plastikhasen von Ottmar Hörl kennen alle. Sogar in Südkorea, wo sich eine Kunstausstellung mit Dürer und seinem

Nürnberg: Malutensilien (oben links) und „Adam und Eva“ (unten links) im Albrecht-Dürer-Haus. Eisenbahngenerationen im DB-Museum (oben rechts). An der Südwestecke der Lorenzer Altstadt wurde das Königstor zum Handwerkerhof (rechts unten).

Hasen beschäftigt hat – zu sehen waren dort knallrote, überlebensgroße Dürer-Hasen. Allerdings ist Dürer im fränkischen Heimat- und Kunstunterricht heute auch noch unverändert Pflicht …

„Nürnberg muss ja auch keine Großstadt wie München sein! Die Stadt ist gemütlich, überschaubar, und ein Fahrrad tut's als Transportmittel", vermisst die junge Frau kurzerhand und alltagstauglich die heimelige Nürnberger Seele. Und dass Nürnberg sogar einen eigenen „Tatort" bekommen hat, hätte gar nicht mal sein müssen. „Noch ein ‚Tatort' – das ist ja schon inflationär! Und einen hübschen Tatort-Kommissar haben wir ja auch nicht bekommen …" Fabian Hinrichs als Kommissar wird es verschmerzen.

»OHNE MUSSIGG WÄR DES LEHM BLOUSS Ä IRRDUM.«

Fitzgerald Kusz, Nürnberger Mundartdichter

DRA IM WEGGLA

Schauplatzwechsel: Am Burgberg ist an Sommerabenden immer viel los. Da treffen sich Jugendliche aus aller Welt auf Stufen und Absätzen, trinken ein Bier und verspeisen genüsslich Dra im Weggla. So bestellt sogar mancher Engländer oder Italiener die Nürnberger Bratwürste vom Grill, wenngleich vielleicht nicht mit dem echt fränkischen Akzent, also mit gg statt ck. „Allmächd!", denkt da so mancher Nürnberger, wenn er Dra im Weggla auf Texanisch hört. Wörtlich übersetzt heißt das: drei (Bratwürstchen) in einem Brötchen auf die Hand. Wer allerdings im Restaurant bestellt, bekommt sie ab vier Stück und nicht im Weggla, dafür mit Kraut. Und zwölf gibt es dann auf dem Zinnteller in Herzform, zumindest in den Traditionsgaststätten. Aber auf die Hand gereicht, das ist am authentischsten.

Ein gewollter Hauch von Florenz:
das Fürther Rathaus

Mit Blick auf die Pegnitz in Nürnberg: der spätmittelalterliche Weinstadel,
heute Studentenwohnheim

An der Wöhrderwiese in Nürnberg kann man faulenzen,
grillen, Ball spielen, Tret- und Ruderboot fahren.

Mit fürstlichem Flair: Universität und Schlossgarten in Erlangen. Von Fachwerk findet man in der sympathisch-lebendigen Universitätsstadt kaum eine Spur. Zweistöckige Mansardenhäuser prägen die barocke Innenstadt

Special

Fürth

Wohlstand für alle

Die Wiege der Sozialen Marktwirtschaft steht in Fürth. Gemeint ist das denkmalgeschützte Geburtshaus von Ludwig Erhard, dem späteren Bundeswirtschaftsminister und Bundeskanzler, das heute das Herzstück des Ludwig-Erhard-Zentrums ist.

Auf 1200 Quadratmetern lädt die Dauerausstellung ein, den Vater der Sozialen Marktwirtschaft kennenzulernen, der diese in seinem 1957 erschienen Buch „Wohlstand für alle“ plausibel darlegte. In einem interaktiven und digitalen Zukunftsraum können Besucher in die aktuellen und zukünftigen Wirkungsfelder und Herausforderungen der Sozialen Marktwirtschaft eintauchen und selbst Position beziehen (Ludwig-Erhard-Str. 6, www.ludwig-erhard-zentrum.de, Di.–So. 10.00–18.00, Do. bis 20.00 Uhr).

UNTERBELICHTET? VON WEGEN!

Keine Frage, rund um die Kaiserburg ist Nürnberg ein kleines mittelalterliches Gesamtkunstwerk mit holperigen und abschüssigen Gassen, Fachwerkhäusern, Brunnen, dem Dürer-Haus, der Stadtmauer und natürlich der riesigen Burg. Mittelalterstimmung hin oder her, die Kaiserburg strahlt durch moderne und energiesparsame Beleuchtung noch heller in den Nürnberger Nachthimmel. Also, von wegen Nürnberg sei unterbelichtet! Nürnberg war die Lieblingsstadt der deutschen Kaiser. Martin Behaim schuf in dieser Stadt den ersten Globus. Und der eine oder andere meint sowieso, dass die Kaiserburg längst reif wäre, als Welterbestätte eingestuft zu werden.

Was aber bereits ohne UNESCO-Weihe und dem dann zu erwartenden größeren Rummel auffällt: Die Burg gehört den Touristen, einheimisches Leben findet hier nur wenig statt – mit Ausnahme von Silvester oder der Blauen Nacht, in der Licht- und Kunstinstallationen ganz Nürnberg verwandeln. So sind sie halt, die Nürnberger. Internationales Publikum: Ja, aber dann doch nicht zu viel, weil – wo bleibt denn sonst das Fränkische? Immer ein bisschen jammern gehört einfach dazu und entspricht eben der Mentalität.

ROM, PARIS – NÜRNBERG?

Beim Spaziergang, den Burgberg hinunter, von der Sebalder Altstadt über den Hauptmarkt an der gotischen Frauenkirche vorbei, wo alljährlich das Nürnberger Christkind den Christkindlesmarkt eröffnet – den die Nürnberger übrigens genauso heiß und innig lieben wie Besucher aus aller Welt –, kommt man, ein paar Schritt weiter, zur Pegnitz. Dort, in der Lorenzer Altstadt, thront das Heilig-Geist-Spital direkt über dem Fluss. Es ist schon lange kein Krankenhaus und Altenheim mehr. Heute werden in der Gaststube gutgläubige Touristen abgefüttert – in der Hoffnung, leckere fränkische Küche zu genießen. Am schönsten Platz einer Stadt darf man halt nie speisen. Das gilt für Rom, Paris und London genauso wie für Nürnberg.

Dabei ist Nürnberg mitnichten eine Metropole. Der Flughafen? Zu niedlich und unrentabel. Der Messeplatz? Wie der Club, nicht in allen Belangen erste Liga – trotz Spielwarenmesse. Nein, Nürnberg ist eher eine Stadt mit Lebens- (und Besucher-)Qualität dank ihrer schönen Flecken, der netten Menschen, großer Kultur und der besten Dra im Weggla im Universum. Nämberch, horch ä mol: Du bist nicht langweilig, Du gehörst ganz sicher unter die Top Ten in Deutschland!

Nationalsozialismus

SAG MAL, SPINNST DU?

Ist zu Hitler und dem Dritten Reich, seiner Partei und dem Krieg, den Ursachen für und den Folgen der Nazi-Herrschaft nicht alles schon gesagt? Ja. Und nein! Denn auch die junge Generation darf diesen schrecklichen Teil der deutschen Geschichte nicht einfach abhaken und wie den Dreißigjährigen Krieg ins Geschichtsbuch schieben. Die Nürnberger Jugendherberge hat dazu einen bemerkenswerten Ansatz.

Monumental, weitläufig, hässlich: Die Tribünen am Nürnberger Zeppelinfeld waren Schauplatz der NSDAP-Masseninszenierungen. Dort feierten sich die Nazis bei ihren Reichsparteitagen selbst. „Aus der Zeppelintribüne spricht der Macht- und Herrschaftsanspruch wie aus keinem anderen architektonischen Relikt", sagt der Historiker Wolfgang Benz. Und in der Kanzel dieser Tribüne steht jetzt ein Bursche von vielleicht 16 Jahren. Seine Augen glänzen. Der Scheitel sitzt. Die Körperhaltung wirkt heroisch. Sein Blick schweift übers Gelände, erhaben, selbstbewusst. Und er sagt: „Ich kann mir das schon vorstellen, hier zu stehen, alle hören dir zu, jubeln dir zu ... Das muss schon gut sein! Egal, was man gesagt hat, die haben dir zugehört!" Er schließt die Augen, als träume er, ehe jäh aus dem Off ein barsches „Kannst du mal bitte aufhören damit!" kommt. Ein etwa gleichaltriges Mädchen stoppt den Jungen in seinen Tag- und Machtträumen, bringt eine Diskussion in Gang: „Sag mal, spinnst du?" Und aus ihrem Blickwinkel: „Das ist doch kein virtueller Clip!"

Erinnerung und Mahnung in der Innenstadt: die Straße der Menschenrechte beim Germanischen Nationalmuseum

Mit solchen Videos will Sigrid Natterer die unter jungen Menschen oftmals als leidiges Thema angesehene Auseinandersetzung mit diesem schlimmsten Kapitel deutscher Geschichte in Gang bringen. Sigrid Natterer ist die Leiterin der Jugendherberge in Nürnberg. „Wir vermieten nicht nur Zimmer. Wir haben auch einen Bildungsauftrag!" Und der scheint zu gelingen. Denn die Diskussion im Multimedia-Raum wird hitzig geführt. Die kurzen, nahe an der Realität gedrehten Sequenzen als Einstieg, aber auch historische Film-ausschnitte sind Diskussionsgrundlage. Die Jugendlichen begegnen der Vergangenheit direkt: durch Videos, Diskussionen, vor Ort bei der eigenen Spurensuche.

Im Dokumentationszentrum auf dem Reichsparteitagsgelände können dann viele Aspekte vertieft werden. Es wird allerdings derzeit umgebaut; bis zum Ende der Arbeiten informiert die Interimsausstellung „Nürnberg – Ort der Reichsparteitage. Inszenierung, Erlebnis und Gewalt" über die Geschichte des vier Quadratkilometer großen Areals im Südosten der Stadt. Dieses bedarf allerdings dringend einer Restaurierung.

Informationstafeln erklären das ehemallige Reichsparteitagsgelände (links). Das Dokumentationszentrum wird neu konzipiert und im Herbst 2023 wiedereröffnet (rechts).

„Sollen wir Hitlers steingewordenen Größenwahn bewahren?", fragt Siegfried Zelnhefer. „Warum nicht einfach verrotten lassen?" Das von Albert Speer entworfene Aufmarschgelände der Nationalsozialisten soll für 75 Millionen Euro instand gesetzt werden, auf Basis des Status quo. Der langjährige Pressesprecher der Stadt Nürnberg antwortet suggestiv: „Das Zeppelinfeld und die Kongresshalle sind Quellen deutscher Geschichte. Würden wir andere Quellen unserer Vergangenheit dem Verfall preisgeben?" Nein. Es sollte für kommende Generationen ein Mahnmal bleiben.

Weitere Informationen

Dokumentationszentrum Reichsparteitagsgelände, Bayernstraße 110, Tel. 0911 2 31 75 38, https://museen.nuernberg.de/dokuzentrum; Interimsausstellung in der Großen Ausstellungshalle: tgl. 10.00–18.00 Uhr; Wiedereröffnung der neu konzipierten Dauerausstellung im Herbst 2023

Jugendherberge Nürnberg, Burg 2, 90403 Nürnberg, Tel. 0911 2 30 93 60, www.nuernberg.jugendherberge.de

Maßstab 1:300.000
Steigerwald Höhenstr.
Naturpark
Steigerwald
Frankenhöhe
Schlüsselfeld
Höchstadt an der Aisch
Aischgrund
Herzogenaurach
Neustadt an der Aisch
Emskirchen
Langenzenn
Cadolzburg
Wilhermsdorf
Markt Erlbach
Heilsbronn
Ansbach
Lichtenau
Neuendettelsau
Windsbach
Schwabach
Roßtal
Zirndorf
Oberasbach
Stein
Fürth
Nürnberg
Erlangen
Forchheim
Baiersdorf
Heroldsberg
Sebalder Reichswald
Eckental
Bamberg
Hallstadt
Memmelsdorf
Scheßlitz
Hirschaid
Buttenheim
Eggolsheim
Ebermannstadt
Pretzfeld
Burgebrach
Ebrach
Eltmann
Zeil
Haßfurt
Bischberg
Stegaurach
Pommersfelden
Adelsdorf
Hemhofen
Heßdorf
Veitsbronn
Wendelstein
Rednitzhembach
Schwanstetten
Kammerstein
Fränk. Bierstr.
Burgenstr.
Deutsche Spielzeugstraße
Fränkische Bierstr.
Frank. Bierstraße

WOU HASEN HOOSN UND HOSEN HUUSN HAASSN …

Metropolregion nennt sich Nürnberg zusammen mit Fürth und Erlangen, die nahezu ineinander verwoben sind. 1835 fuhr die erste Eisenbahn Deutschlands von Fürth nach Nürnberg. Heute verbindet die U-Bahn-Linie 1 die beiden Industrie- und Handelsstädte. Und Erlangen stellt mit 40 000 Studierenden die zweitgrößte Universität in Bayern.

1 Nürnberg

Christkindlesmarkt, Reichsparteitagsgelände, aber auch das dort stattfindende Festival Rock im Park kommen zuerst in den Sinn, wenn man an Nürnberg denkt. Die 1050 gegründete Stadt ist zwar nicht die Hauptstadt des Regierungsbezirks Mittelfranken, aber mit mehr als 500 000 Einw. zweitgrößte und zweitwichtigste Stadt Bayerns. Ab dem 13. Jh. (Stadtrecht 1219) war die von der Pegnitz in Sebalder und Lorenzer Altstadt geteilte ehem. Freie Reichsstadt Handelsdrehscheibe zwischen Orient und Nordeuropa und eines der Zentren des Römisch-Deutschen Reiches. Seit 1806 gehört sie zu Bayern. V.a. 1945 wurde die „Stadt der Reichsparteitage" verheerend bombardiert.

SEHENSWERT

Mächtig thront die **Kaiserburg** **TOPZIEL** seit rund 1000 Jahren über der Stadt. Zwischen 1050 und 1571 hielten alle deutschen Könige und Kaiser dort ihre Reichstage ab. Die Nürnberger Burg mit dem weithin sichtbaren runden Sinwellturm und dem Tiefen Brunnen gehört zu den besterhaltenen Anlagen ihrer Art.
Auch **Stadtmauer** und Tore aus dem 14. und 15. Jh. sind zum größten Teil gut erhalten.

> **Tipp**
>
> ### Klexi, der Hase
>
> Als Albrecht Dürer eines Tages malte, sprang ihm auf einmal ein Hase aus dem Pinsel. Er nannte ihn Klexi. Und dieser nette Kerl macht sich heutzutage auf, Kindern sein Nürnberg zu zeigen: von der Adler-Dampflok über die Gokart-Bahn und das Spielzeugmuseum bis zum Zoo. Dazu gibt es einen Kinder-Stadtplan, den die Tourist-Information kostenfrei verteilt.
>
> **Weitere Informationen**
> https://tourismus.nuernberg.de/reiseindustrie/nuernberg-fuer/familien

Nürnberg: Blick von der Kaiserburg auf Lorenz- und Sebalduskirche (links); Frauenkirche (rechts oben); Sakramentshaus von 1493 in der Lorenzkirche (rechts unten)

Schön ist das Hallertor an der Pegnitz, den besten Stadtmauerblick aber hat man vom Fürther Tor. Zwischen Jakobstor und Färbertor erstreckt sich Nürnbergs Rotlichtviertel. Am Kartäusertor geht die **Straße der Menschenrechte** ab. Auf ihr reihen sich 27 Rundpfeiler, in denen jeweils einer der Artikel der Allgemeinen Erklärung der Menschenrechte in verschiedenen Sprachen eingraviert ist. Auch der **Handwerkerhof** am Königstor ist mit Restaurants und Geschäften Teil der Stadtmauer.
Die größte Kirche der Stadt, mit zwei Türmen von 81 m, ist die **Lorenzkirche,** im 15. Jh. fertiggestellt und am Westportal am fotogensten. Auf einer der schönen Pegnitz-Brücken, der Museumsbrücke, hat man den besten Blick auf das **Heilig-Geist-Spital** (Urspr. 14. Jh.), das selbst die Pegnitz mit zwei Bögen überspannt. Fast genauso hübsch: der **Weinstadel** (14. und 15. Jh.) mit dem Henkersteg über die Pegnitz. Am **Hauptmarkt** mit der gotischen Frauenkirche (Urspr. 14. Jh.) findet der weltberühmte Christkindlesmarkt statt, und dort hat auch der **Schöne Brunnen** seinen Platz (Nachbildung, Original 1385). Am Goldenen Ring, der nahtlos verankert ist, drehen die Touristen: Das soll Glück bringen. Auch das Männleinlaufen an der **Frauenkirche** (tgl. 12.00 Uhr) wird vorwiegend von Besuchern bestaunt. Vorbei an der Sebalduskirche (13. und 14. Jh.) kommt man zum wiederaufgebauten Rathaus (Urspr. 16. Jh.), in dem Nachbildungen der Reichsinsignien sowie die historischen mittelalterlichen Lochgefängnisse zu sehen sind.

MUSEEN

Im **Albrecht-Dürer-Haus** lebte Deutschlands wohl berühmtester Maler (1471–1528) von 1509 bis zu seinem Tod. Es ist das einzige original erhaltene Künstlerhaus der Renaissance außerhalb Italiens (Albrecht-Dürer-Straße 39, Tel. 0911 231 25 68, https://museen.nuernberg.de/duererhaus; Di.–Fr. 10.00–17.00, Sa. und So. 10.00 bis 18.00, Juli–Sept. auch Mo. 10.00–17.00 Uhr).

In Nürnberg, wo Spielzeuge seit 600 Jahren eine große Rolle spielen, zeigt das **Spielzeugmuseum** alles von Barbies bis Zinnfiguren (Karlstraße 13–15, https://museen.nuernberg.de/spielzeugmuseum; Di.–Fr. 10.00–17.00, Sa. und So. 10.00–18.00 Uhr). Das **Germanische Nationalmuseum** ist das größte kulturgeschichtliche Museum im deutschen Sprachraum – mit mehr als 1 Mio. Exponaten von vorchristlicher Zeit bis heute (Kartäusergasse 1, www.gnm.de; Di.–So. 10.00–18.00, Mi. 10.00 bis 20.30 Uhr). Das **Verkehrsmuseum** (DB Museum Nürnberg) ist eines der ältesten technikgeschichtlichen Museen in Europa und zeigt 30 wegweisende Schienenfahrzeuge (Lessingstraße 6, www.dbmuseum.de; Di.–Fr. 9.00–17.00, Sa. und So. 10.00–18.00 Uhr).
Das **Dokumentationszentrum auf dem Reichsparteitagsgelände** ist Pflicht, wenn man sich über die Hintergründe des Nationalsozialismus in Deutschland informieren möchte (siehe auch S. 60). Im Saal 600 des Nürnberger Justizpalaste wurde Weltgeschichte geschrieben: Fast ein Jahr lang standen führende Vertreter des nationalsozialistischen Regimes vor dem internationalen Gericht (**Memorium Nürnberger Prozesse,** Bärenschanzstraße 72, https://museen.nuernberg.de/memorium-nuernberger-prozesse; April–Okt. Mo. und Mi.–Fr. 9.00 bis 18.00, Sa. und So. 10.00 bis 18.00, sonst Mi. bis Mo. 10.00–18.00 Uhr).

VERANSTALTUNGEN

Der **Christkindlesmarkt** TOPZIEL im Dez. mit Glühwein und Feuerzangenbowle, Lebkuchen und Dra im Weggla ist jedes Jahr ein vorgezogenes Weihnachtsgeschenk.
In der **Blauen Nacht** im Mai öffnen 70 Museen und Theater bis spätnachts, 250 Kunstinstallationen im Freien vervollständigen das Konzept (https://www.nuernberg.de/internet/dieblauenacht/). Rund 70 000 Besucher lockt im Juni **Rock im Park** aufs Zeppelinfeld (www.rock-im-park.com).

Tipp

Elfriede, das Schiff

Östlich von Nürnberg erstreckt sich das gern übersehene Nürnberger Land mit dem Ort Lauf und dem Wenzelschloss, dem ehemaligen Landsitz der Kaiser auf einer Pegnitz-Insel, oder Hersbruck, ebenfalls mit schönem Schloss. In Burgthann kann man zudem auf einem Treidelschiff aus königlich-bayerischer Zeit schippern; dabei wird das Schiff von einem Pferd gezogen.

Weitere Informationen
https://burgthann.de/leben/sehenswertes/das-treidelschiff-elfriedes

Nürnberg: Kaiserburg (links). Das Albrecht-Dürer-Haus (rechts oben). Bäckerstolz in der Lebküchnerei Fraunholz (rechts unten)

EINKAUFEN

Schon im 12. Jh. gab es Lebküchner in Nürnberg. Die **Elisenlebkuchen,** mit mindestens 25 % Mandel- und Nussanteil, gelten bis heute als die besten weltweit.

HOTELS UND RESTAURANTS

Mit gutem Preis-Leistungs-Verhältnis nächtigt man nahe dem Zentrum im **€ € nh Hotel** (Bahnhofstr. 17, 90402 Nürnberg, Tel. 0911 99 99-0, www.nh-collection.com/de/hotel/nh-collection-nuernberg-city). Historische Kulisse und modernes Ambiente verbindet das **€ € Hotel Victoria;** von manchen Zimmern blickt man in die Ausstellungsräume des Neuen Museums für Kunst und Design (Königstraße 80, 90402 Nürnberg, Tel. 0911 2 40 50, www.hotelvictoria.de).
Das **€ € € € Essigbrätlein** mit seinen zwei Michelin-Sternen gilt als bestes Restaurant Frankens (Weinmarkt 3, Tel. 0911 22 51 31, www.essigbraetlein.de). Beste Rostbratwürste vom Grill oder Schlachtschüssel gibt es im 1312 erstmals erwähnten **€ € Bratwursthäusle** (Rathausplatz 1, Tel. 0911 22 76 95, https://bratwursthaeuslenuernberg.de).

UMGEBUNG

Stein (südw.) ist seit dem Mittelalter für seine Bleistiftmühlen bekannt; „Faber-Castell" hat dort seinen Sitz in einem schönen Schloss. Auf dem Königsplatz der „Goldschlägerstadt" **Schwabach** (südl.) steht das Rathaus mit goldenem Saal und einem goldenem Dach.

INFORMATION

Tourist-Information, Hauptmarkt 18, 90403 Nürnberg, Tel. 0911 23 36 0, https://tourismus.nuernberg.de

2 Fürth

Die 120 000-Einw.-Stadt hat mit mehr als 2000 Baudenkmälern die höchste Denkmaldichte in Bayern. Der architektonische Bogen reicht von den Altstadthäusern, erbaut nach dem Dreißigjährigen Krieg, bis zu Gründerzeit und Jugendstil. Bundeskanzler Ludwig Ehrhard (1897 bis 1977) wurde in Fürth geboren, Max Grundig gründete 1930 hier seine Radiofirma.

SEHENSWERT

Das klassizistische **Rathaus** (bis 1850), dem Palazzo Vecchio in Florenz nachempfunden, ist zwar mit seinem 55 m hohen Turm das Wahrzeichen der Stadt, doch der **Grüne Markt** mit seinen wunderschönen Gebäuden spiegelt die abwechslungsreiche 1000-jährige Geschichte besser wider. Sehr schön sind auch die Gebäude in der **Gustavstraße**. Ältestes Bauwerk ist die **St.-Michaelis-Kirche,** die bis ins 12. Jh. zurückgeht. Gründerzeit spiegelt sich auf der Prachtstraße **Hornschuhpromenade** – auf dem heutigen grünen Mittelstreifen fuhr 1835 die erste deutsche Eisenbahn.

MUSEUM

Im **Rundfunkmuseum** geht es vom „Volksempfänger" bis zum Fernsehen der Gegenwart (Kurgartenstraße 37a, https://rundfunk-museum.de; Di.–Fr. 12.00–17.00, Sa. und So. 10.00–17.00 Uhr). In Fürth entstand im 17. Jh. das größte jüdische Gemeinwesen Süddeutschlands. Die Geschichte und Kultur der Juden einst und jetzt dokumentiert das **Jüdische Museum Franken** (Königstraße 89, www.juedisches-museum.org; Di.–So. 10.00–17.00 Uhr). Das **Ludwig-Erhard-Zentrum** erinnert an den „Wirtschaftswunder"-Bundeskanzler (s. S. 59).

VERANSTALTUNG

Michaeliskirchweih Ende Sept./Anf. Okt. Ein cooles Event ist das **Internationale Klezmer Festival** im März in ungeraden Jahren; in den Zwischenjahren gibt es ein **Klezmer-Intermezzo** (www.klezmer-festival.de).

HOTEL UND RESTAURANT

Im **€ € PrimaVeraParco** werden in freundlichem, persönlichem Ambiente Gäste aus aller Welt beherbergt (Waldstraße 44, Tel. 0911 81 00 30, www.hotel-primavera.de).

Die € € **Kofferfabrik** ist Theater, Galerie, Kneipe und Konzertraum zugleich (Lange Straße 81, Tel. 0911 70 68 06, www.kofferfabrik.cc).

UMGEBUNG
Für Kinder ein Paradies: der Playmobil-Funpark im nahen **Zirndorf** (Brandstätterstraße 2, www.playmobil-funpark.de; Mitte März–Anf. Nov. tgl. 9.00–18.00/19.00 Uhr).

INFORMATION
Tourist-Information, Bahnhofplatz 2, 90762 Fürth, Tel. 0911 239 58 70, www.tourismus-fuerth.de

3 Erlangen

Mit 105 000 Einw. ist die ehem. Residenz Erlangen kleinste der acht bayerischen Großstädte. Jeder dritte Bürger ist Student der 1743 gegründeten Universität.

SEHENSWERT
Zentren sind der Marktplatz mit dem barocken **Palais Stutternheim** (bis 1730) und der Schlossplatz mit dem **Markgräflichen Schloss** (bis 1704), seit 1825 die Friedrich-Alexander-Universität. Östl. erstreckt sich der Schlossgarten mit der Orangerie. Gleich daneben: Süddeutschlands letzte bespielte Barockbühne, das 1719 eröffnete Markgrafentheater. Etwas außerhalb am Burgberg der **Skulpturengarten** mit skurrilen Plastiken von Heinrich Kirchner.

MUSEEN
Medizintechnik aus über 160 Jahren zeigt das **Siemens Healthineers MedMuseums** (Gebbertstraße 1, www.medmuseum.siemens-healthineers.com; Mo.–Fr. 10.00–17.00 Uhr). Im **Stadtmuseum** geht es um die Stadtgeschichte (Di.–Fr. 9– 17/Do. bis 20, Sa., So. 11 bis 17 Uhr; www.erlangen.de/stadtmuseum).

VERANSTALTUNG
Zu Pfingsten findet am Burgberg die in ganz Bayern bekannte **Bergkirchweih** statt.

EINKAUFEN
Herzogenaurach (6 km westl.) wird meist wegen der Outlets der Firmen Adidas (www.adidas.de) und Puma (www.puma.de) besucht.

RESTAURANT
Das € € € € **Gasthaus Polster** bietet Haute Cuisine mit fränkischem Charme (Am Deckersweiher 26, Kosbach, Tel. 09131 75 54 0, www.gasthaus-polster.de).

UMGEBUNG
Im Geigenbaumuseum von **Bubenreuth** ist die kleinste spielbare Geige der Welt zu bestaunen (Rathaus, Birkenallee 51, www.bubereutheum.de; So. 14.00–17.00 Uhr).

INFORMATION
Tourist-Information, Goethestraße 21a, 91054 Erlangen, Tel. 09131 89 51 0 www.erlangen.info

JA NATÜR LICH

EINMAL CLUB, IMMER CLUB

Hier regiert der 1. FCN: So steht es in großen Lettern am heimischen Max-Morlock-Stadion. Der Club, wie ihn alle kurz nennen, ist ein Traditionsverein – mit großen Sorgen. Trotzdem ist ein Besuch eines Fußballspiels im Stadion und ein Gang durchs Museum etwas Besonderes.

Der Wanner heißt heute zwar Gutmann. Aber Club-Fans, die keine Karten mehr bekommen haben oder die immer die gleichen Gesichter treffen wollen, die gehen zum Wanner, direkt am Dutzendteich – natürlich in weinroten Trikots. Erst gibt es sechs Rote Zipfel zum Hellen vom Fass. Und dann schauen sie sich beim Public Viewing ihren Club an, wie er sich schwer tut: Nach dem einjährigen Ausflug in die Bundesliga 2018/19 konnte der 1. FCN eine Saison später dem Abstieg in die Dritte Liga nur um Haaresbreite entrinnen, Duelle mit dem bayerischen Rivalen aus München sind in weite Ferne gerückt. Die Realität heißt 1. FC Heidenheim oder FC Erzgebirge Aue. Und dennoch zögert Manuela Schwab keine Sekunde: „Ich habe die Liebe zum Club noch nie bereut." Sie ist seit 1991 „Glubberin", immer Nordkurve, Block 8, und sie war im Alter von zwei Jahren das erste Mal im Stadion, „mit meinem Opa".

„Ja natürlich gehen wir ins Stadion", sagen die Fans – und leiden mit.

Der Club, 1900 gegründet, hatte goldene Zeiten: Mit neun Deutschen Meisterschaften war er mehr als 60 Jahre lang Rekordmeister, bevor 1987 der FC Bayern übernahm. Max Morlock gehörte zur Weltmeistermannschaft von 1954. Heute zählt der Club zu den „Fahrstuhlmannschaften", die gelegentlich mal wieder aufsteigen ... um nach ein oder zwei Saisons wieder abzusteigen. Selbst als amtierender Meister (1969) wie auch als Pokalsieger (2007) ist das dem 1. FCN bereits gelungen. „Der Club ist (eben) ein Depp", das weiß in Nürnberg jedes Kind. Den Fans im Wanner und im Stadion scheint es egal zu sein.

Club-Museum des 1. FC Nürnberg, Sportpark Valznerweiher, Valznerweiherstraße 200, 90480 Nürnberg, Tel. 0911 94 07 91 00, www.fcn.de/tradition/club-museum; Mo.–Fr. 9.00–12.30 und 13.30–17.00 Uhr, Eintritt frei

MARIEN-APOTHEKE
LERNER AND LOEWE IN CONCERT
A Festival Prelude

Mittelfranken

*

REAL, SURREAL, ROMANTISCH

*

Mal abgesehen vom Münchner Oktoberfest, dem Brandenburger Tor und Schloss Neuschwanstein bestimmt ein Puppenstubenstädtchen Deutschlands Bild in der Welt: Rothenburg ob der Tauber, Inbegriff für Romantik und heile Welt. Welterbestätte wurde aber der Limes. Und auf Knopfdruck eine Stadt zum Leuchten bringen, das lässt sich einzig und allein in Dinkelsbühl machen.

Platzkonzert auf dem Marktplatz vor dem Rothenburgs Rathaus

Rothenburgs Marktplatz säumen die Marien-Apotheke aus dem 15. Jahrhundert, der wiederaufgebaute Doppelbau des Rathauses mit Rathausturm und die 1466 errichtete ehemalige Ratstrinkstube.

Vor Ansbachs Residenz wartet „Anscavallo" auf Bewunderer. Die Pferdeplastik ist ein Werk des Bildhauers Jürgen Goertz und längst eines der Wahrzeichen der Stadt.

Rothenburgs Ausgang nach Norden: Klingentor und Röderbrunnen

Zwischen Röder- und Galgentor steht die Gerlachschmiede, eines der schönsten Fachwerkhäuser Rothenburgs. Besten Blick hat man vom Wehrgang der Stadtmauer.

Romantisch, was ist das nur? Jenseits von literatur- und kunsthistorischen Definitionen kommt das Bild von Rothenburg ob der Tauber einer Antwort sicherlich nahe: verschachtelte Gässchen, gepflasterte Plätze, verwunschen windschiefe Fachwerkhäuser, die mächtige Stadtmauer mit mittelalterlichen Türmen. Das ist Romantik – zumindest für viele. „Wo Märchen wahr werden", verspricht eine Rothenburg-Broschüre und auf Englisch: „Romantic but real!" Der Rothenburger Nachtwächter Hans Georg Baumgartner sagt: „Romantik bedeutet für mich: Nach meiner letzten Runde allein Richtung Klingentor zu meinem Haus im Fuchsengässchen zu gehen. Das könnte sich auch vor 500 Jahren so angefühlt haben." Dabei kam die Romantik erst Ende des 18. Jahrhundert auf. Wohl kein Rothenburger im Mittelalter fand die Stadtmauer romantisch. Sie diente dem Überleben, als Schutzwall gegen Angreifer und die Pest. Und es war sicherlich auch nicht romantisch, durch die Galgengasse zum Galgentor gehen zu müssen ...

„Für Amerikaner und Japaner ist das hier Deutschland", geht Heinz Heß einen Schritt weiter. In seinem Souvenirshop verkauft er seit über 25 Jahren alles, was irgendwie mit Germany zu tun hat. Zwei Millionen Besucher drängen sich alljährlich durch die Gassen – in einem Ort mit gerade einmal 11000 Einwohnern! Die Hälfte der Besucher kommt aus dem Ausland, denn in Rothenburg kann man „mit der Zeitmaschine ins Mittelalter" reisen, wie die Touristenbroschüre vollmundig ankündigt. Ein Städtchen als ein

JAHRHUNDERTELANGE BEDEUTUNGSLOSIGKEIT KONSERVIERTE ROTHENBURGS STADTBILD.

Stück Vergangenheit in der Gegenwart: mit barfüßigen Kindern, die sich beim Hufeisenwerfen messen. Mit Verkäuferinnen, die in ganzjährig geöffneten Weihnachtsgeschäften Tracht tragen. Mit einem kostümierten Nachtwächter, der mit Besuchern seine Runden zieht und Anekdoten zum Besten gibt: „Ein Nachtwächter konnte sein damals schmales Salär aufbessern, wenn er in bestimmten Situationen an Sehstörungen litt ..." Das bringt Gelächter, aber auch Platz fünf auf der Liste der hundert beliebtesten Sehenswürdigkeiten ausländischer Touristen in Deutschland – immerhin vor dem Kölner Dom, laut Umfrage der Deutschen Zentrale für Tourismus.

LEBENDIGES MUSEUM

Keine Stadt zwischen Lübeck und Garmisch verströmt so eine Puppenstubenatmosphäre und glänzt nebenbei mit großer Kultur. In St. Jakob bestaunt man den Heilig-Blut-Altar von Tilman Riemenschneider, auf der Wehr- und Stadtmauer geht man spazieren. Der Plönlein gilt als malerischster Platz, während das historische Rathaus mit Glockenturm und Meistertrunk-Uhr lockt. Dabei darf eines nicht vergessen werden: Trotz der strikten Denkmalschutz-Vorschriften sind wir „kein Mittelalterfreizeitpark, sondern eine Stadt mit richtigen Bewohnern und den üblichen Sorgen und Nöten", sagt der Nachtwächter, der seit mehr als 25 Jahren seinen Dienst verrichtet und im Winter gerne in Thailand Urlaub macht. „Viele Leute wundern sich, dass Rothenburg bisher noch nicht auf der Weltkulturerbeliste steht", sagt hingegen Oberbürgermeister Walter Hartl. Beworben hat sich Rothenburg mit seinem mittelalterlichen Altstadtensemble, den Zuschlag erhielt aber der 550 Kilometer lange Limes als herausragendes archäologisches Geländedenkmal.

BOLLWERK GEGEN DIE GERMANEN

Der Grenzwall der Antike war einst die römische Reichsgrenze und wurde erst als Holzpalisade errichtet und später, im

Der Große Brombachsee hat sich zu einem beliebten Wassersportrevier gemausert; der Stausee zählt zu den größten Talsperren Deutschlands.

Ein fränkischer Hauch von Lago Maggiore: der Kleine Brombachsee. Zusammen mit dem Großen Brombachsee und dem Ingelsbachsee bildet er das Zentrum des Fränkischen Seenlands.

Die Zwölf-Apostel-Felsen zwischen Solnhofen und Eßlingen: Oberhalb von Eichstätt schlängelt sich die Altmühl durch ein von ihr tief eingegrabenes Tal.

Auf dem Drahtesel vorbei am Altmühlsee. Ein zwölf Kilometer langer Radweg macht seine Umrundung zum Vergnügen.

zweiten Jahrhundert, als Mauer ausgebaut. Zu den Limes-Anlagen gehörten 60 Kastelle, hundert kleinere Befestigungen und 900 Türme. Und eigentlich gäbe es schon wieder die Möglichkeit für eine Zeitreise, nur diesmal in die Zeit der Römer. Aber zu sehen von Frankens 158 Limes-Kilometern ist, abgesehen von ein paar verfallenen Mauern in einigen Gemeinden, leider nicht mehr viel. Bei Mönchsroth und Kipfenberg wurden Wachtürme aus Holz, Kastelle oder Dämme nachgebaut. Denn als Marketinginstrument taugt das Welterbe allemal. Es gibt seit immerhin 50 Jahren sogar eine Limeskönigin und ein Limesfest.

»DIE STADT IST ALT, ABER REICHLICH, UND HAT ZWEI WÄLLE.«

Johann Wolfgang von Goethe über Dinkelsbühl

DINKELSBÜHL UND DIE KINDERZECHE

Große Tradition hat auch Dinkelsbühl, das einem ein bisschen vorkommt wie ein Rothenburg für Kinder. Alles ist im Wortsinn kleiner, selbst die Historie zeigt sich eng verbunden mit Kindern. Während des Dreißigjährigen Krieges zogen sie den anrückenden schwedischen Soldaten entgegen und flehten um Gnade. Um der kleinen Lore mit ihren Zöpfen willen verschonte der Obrist die Stadt, plünderte und zerstörte sie nicht. Eine rührende Geschichte, die jedes Jahr beim Historienspiel „Kinderzeche“ in Szene gesetzt wird. Und – nur wenige erstaunt es: Es war ein Dinkelsbühler, der Priester und Heimatdichter Christoph von Schmid, der das Weihnachtslied „Ihr Kinderlein kommet“ geschrieben hat.

ES WERDE LICHT

Auch in Dinkelsbühl fragen sich manche Besucher, ob die schnuckeligen Häuschen denn auch wirklich bewohnt seien? Dinkelsbühl wirkt weniger gekünstelt und weniger kitschig als Rothenburg. Vielleicht

Im Dinkelsbühler Münster St. Georg (oben). Im Haus der Geschichte wird die Vergangenheit der früheren Reichsstadt Dinkelsbühl nachgezeichnet (unten).

Im Südosten Dinkelsbühls reihen sich wie eh noch die Mauertürme. Das älteste Stadttor, das Wörnitztor, stammt aus dem 13. Jahrhundert.

Den Dinkelsbühler Weinmarkt säumt mancher Prachtgiebel.
Gegenüber der Münsterkirche sind die wohl schönsten fünf zu sehen.

DINKELSBÜHL IST KEIN FREILICHTMUSEUM, KEINE KULISSE, SONDERN LEBENDIGE GEGENWART.

weil die Stadt weitgehend unbeschadet durch den Zweiten Weltkrieg gekommen ist, während der Rivale bei Bombenangriffen ein Drittel der ursprünglichen Altstadt verlor? „Ja, die meisten Häuser sind bewohnt,“ sagt Ingrid Metzner, die langjährige Leiterin vom „Haus der Geschichte“. „Und in vielen Häusern wird immer noch gearbeitet, wie in diesem 500 Jahre alten Patrizierhaus.“ Ein Gast ihrer Stadtführung wirft ein: „Bei uns in Chicago schauen die Kinder Disney im Fernsehen an und hier leben die Menschen in einer Disney-Welt. Fantastisch!“

Gott behüte, scheint da die Gästeführerin zu denken, ist aber besucherfreundlich genug, um nur ein wenig gequält zu lächeln … Dinkelsbühl ist kein Freilichtmuseum, keine Kulisse, sondern lebendige Gegenwart gepaart mit alter Geschichte, aber trotzdem mit all den verschachtelten Gässchen, windschiefen Fachwerkhäusern, der mächtigen Stadtmauer, den mittelalterlichen Türmen. Und: Dinkelsbühl ist kein Hotspot für Amerikaner, Chinesen und Japaner. Dabei würde gerade ihnen dieser kleine Automat an der Schranne gefallen: Für vier Euro strahlen Scheinwerfer die Sehenswürdigkeiten der Stadt für eine Stunde an. Es ist ganz persönlich und dennoch für alle. Es ist ein bisschen wie Weihnachten, nur eben im Sommer. Wenn das nicht romantisch ist …

Rothenburg ob der Tauber
Bad Windsheim
Naturpark Frankenhöhe
Frankenhöhe
Uffenheim
Schillingsfürst
Leutershausen
ANSBACH
Herrieden
Feuchtwangen
Dinkelsbühl
Crailsheim
Wassertrüdingen
Gunzenhausen
Wolframs-Eschenbach
Merkendorf
Windsbach
Neuendettelsau
Heilsbronn
Lichtenau
Abenberg
Roth
Georgensgmünd
Spalt
Pleinfeld
Weißenburg in Bayern
Ellingen
Hilpoltstein
Heideck
Rednitzhembach
Großer Brombachsee
Burgenstraße
Romantische Straße
Hesselberg
Markgrafenschloss
Maßstab 1:300.000
Eichstätt
Naturpark Altmühltal
Altmühltal
Kipfenberg
Denkendorf
Greding
Dollnstein
Raitenbucher Forst
Deutsche Limesstr.
Titting
Beilngries

KLISCHEEBILDER IM DOPPELPACK

Zwischen Rothenburg ob der Tauber und Dinkelsbühl verläuft ein Teilstück der Romantischen Straße. Und unweit vom heutigen Dinkelsbühl bauten die Römer die Befestigungslinie des Limes. Ob nun Welterbe oder nur Fast-Weltkultur: Diese Gegend ist ein ganz starkes Stück Franken.

1 Rothenburg

Im Mittelalter war Rothenburg (heute 11 000 Einw.) Freie Reichsstadt (ab 1274). Im Dreißigjährigen Krieg wurde sie vom Heerführer der Katholischen Liga und der kaiserlichen Truppen Tilly eingenommen. Seit 1803 gehört sie zu Bayern. In der Weimarer Republik entwickelte sie sich zu einer Hochburg der NSDAP mit dem höchsten Stimmenanteil in Deuutschland. Im Zweiten Weltkrieg wurde ein Drittel der Bausubstanz zerstört oder stark beschädigt. Später wurden die Gebäude aber wieder originalgetreu aufgebaut oder saniert. Von der Anhöhe Reutsachser Steige westl. sieht man die gesamte Altstadt – ein Anblick, der Reisende schon seit Jahrhunderten beeindruckt.

Rothenburg-Blick von der Reutsachser Steige (oben). Heilig-Blut-Altar von Tilman Riemenschneider in der Kirche St. Jakob (rechts)

SEHENSWERT

Das **Altstadtensemble,** vorwiegend aus dem 12. bis 14. Jh., ist mit fast vollständig erhaltener und größtenteils begehbarer Stadtmauer (12. bis 16. Jh.) sowie mit 40 Türmen und 700 denkmalgeschützten Gebäuden für viele das Idealbild einer mittelalterlichen Stadt.
Am **Klingentor** im Norden, ehem. Wasserturm, kann man seinen Weg auf der **Stadtmauer** beginnen. An dieser Stelle weiß man, warum Rothenburg den Zusatz ob der Tauber trägt: Vom Turm zum Taubergrund sind es 80 Höhenmeter. Dort liegt auch das hübsche **Topplerschlösschen** (1388). Im **Burgtor** erweisen sich zwei Hinterlassenschaften als aufschlussreich: Die Öffnung, durch die heißes Pech auf Angreifer gekippt wurde, und das Nadelöhr, ein Durchstieg für nur eine Person, damit nicht das ganze Tor geöffnet werden musste, was nachts gefährlich war. 200 m vor dem **Kobolzeller Tor** stößt man auf die **Kirche St. Jakob,** über zwei Jahrhunderte erbaut und 1485 eingeweiht; bemerkenswert sind der Heilig-Blut-Altar von Tilman Riemenschneider (1504) und die Orgel mit 5500 Pfeifen. Gleich beim Tor liegt das **Plönlein** TOPZIEL an einem dreieckigen Platz, der als malerischster in Rothenburg gilt: mit sich verengendem Fachwerkhaus und dem **Siebersturm** im Hintergrund. Den südl. Abschluss der Stadtmauer markiert das Festungswerk **Spitalbastei** mit zwei Zwingern und sieben Toren. Am **Rödertor** im Osten findet sich die Gerlachschmiede, eines der schönsten Fachwerkhäuser der Stadt, in dem bis in die 1970er-Jahre ein Schmied seine Arbeit verrichtete. Das letzte Stadttor ist schließlich das **Galgentor** …
Innerhalb der Stadtmauer ragen das historische **Rathaus** (13. Jh.) und der Glockenturm mit Aussichtsplattform sowie die Meistertrunk-Uhr heraus, die zwischen 10.00 und 22.00 Uhr zur vollen Stunde die Geschichte des „Meistertrunks" mit Figuren beiderseits von der Uhr darstellt. Die Legende besagt, dass der protestantische Bürgermeister Nusch mehr als 3 l Wein in einem Zug trinken musste, damit der katholische Feldherr Tilly, der die Stadt eingenommen hatte, nicht plündern und brandschatzen lassen würde. Auch **Markusturm** und **Röderbogen** gehören zu den fotogensten Motiven der Stadt.

MUSEEN

Im **Kriminalmuseum** kann man sich Schauerlichkeiten – darunter so manches Folterinstrument – ansehen und erfahren, unter welchen rechtlichen Verhältnissen die mittelalterlichen Menschen leben mussten; schon Kleinigkeiten führten zu drakonischen Strafen (Burggasse 3-5, www.kriminalmuseum.eu; tgl. 10.00 bis 18.00 Uhr). Die 800-jährige Geschichte der Stadt vermittelt das **Reichsstadtmuseum,** zu sehen sind u. a. Kunsthandwerk, Malerei und Skulpturen (Klosterhof 5, www.rothenburgmuseum.de; April–Okt. tgl. 9.30–17.30, März, Nov. und Dez. tgl. 13.00–16.00 Uhr). Im **Handwerkerhaus** von 1270 zeigen elf originale Räume, wie ein Handwerker mit seiner Familie lebte und arbeitete (Alter Stadtgraben 26, www.alt-rothenburger-handwerkerhaus.de; Ostern–Okt. Mo.–Fr. 11.00 bis 17.00, Sa. und So. 10.00–17.00, 1. Advent bis 7. Jan. tgl. 14.00–16.00 Uhr).

AKTIVITÄTEN

Ein schöner **Spaziergang** führt auf markiertem Weg durchs Taubertal von der Fuchsmühle bis zur Steinmühle an der Doppelbrücke vorbei.

VERANSTALTUNGEN
An Pfingsten wird der **Meistertrunk** mit Festspiel und Heeresumzug gefeiert. Im September beim **Reichsstadtfest** zeigt sich halb Rothenburg in historischen Gewändern.

HOTELS UND RESTAURANTS
Am schönsten wohnt es sich in der Altstadt in einem historischen Gebäude wie dem **€ € € Eisenhut** (Herrngasse 3, Tel. 09861 70 50, www.eisenhut.com) oder dem verspielten **€ € BurgGartenpalais** (Herrngasse 26, Tel. 09861 874 74 30, www.burggartenpalais.de).
Die **€ € € € Villa Mittermeier** ist ein Gourmetrestaurant, das sehr gelungen ein Casual-Dining-Konzept verfolgt (Vorm Würzburger Tor 7, Tel. 09861 945 40, www.villamittermeier.de).
Bei Familie Rippstein im **€ Gasthof zum Ochsen** geht es deutlich günstiger, aber auch nicht viel schlechter zu (Galgengasse 26, Tel. 09861 67 60, www.gasthof-ochsen-rothenburg.de).
Für Schleckermäuler lohnt ein Gang zur **€ Konditorei Friedel,** in der wie im Mittelalter Rothenburger Schneeballen und Tauberkugeln verkauft werden (www.original-rothenburger-schneeballen.de).

UMGEBUNG
Die **Burg Colmberg** (25 km östl.) gehört mit ihrem markanten Rundturm zu den schönsten erhaltenen Burgen in Franken und ist rund 1000 Jahre alt (Hotel und Restaurant, www.burg-colmberg.de).

INFORMATION
Tourismus Service, Marktplatz 2, 91541 Rothenburg ob der Tauber, Tel. 09861 40 48 00, www.rothenburg-tourismus.de

Tipp

Hört, ihr Leut!

Beim Rundgang mit dem Rothenburger Nachtwächter marschiert der Laternenmann im Sommer ab 21.30 Uhr eine Stunde lang durch die gepflasterten Gassen und erzählt von Gebäuden, Stadtgeschichte und Traditionen.

Weitere Informationen
www.nightwatchman.de; April–Dez., Treffpunkt 21.30 vor dem Rathaus in Rotheburg ob der Tauber, um 20.00 Uhr Rundgang in englischer Sprache

2 Ansbach

Die Hauptstadt Mittelfrankens (40 000 Einw.) galt im 18. Jh. als eine der prachtvollsten Residenzen in Süddeutschland, ist aber auch Kaspar-Hauser-Stadt, feierte 2021 das 800-jährige Stadtjubiläum und glänzt mit fränkischem Rokoko.

Ansbachs Schlossgarten mit Orangerie (links). Im Römerkastell Weißenburg (rechts)

SEHENSWERT
Die **Markgräfliche Residenz** TOPZIEL mit Spiegelkabinett und Kachelsaal mit Fliesen der ortsansässigen Manufaktur ist sicherlich der Höhepunkt (Promenade 27, Tel. 0981 953 83 90; April–Sept. Di.–So. 9.00–18.00, sonst Di.–So. 10.00–16.00 Uhr). Dazu kommt die Orangerie im Hofgarten. Unter den Kirchen fällt **St. Gumbertus** (11., 16. und 18. Jh.) mit drei Türmen auf: Sie ist das Wahrzeichen der Stadt.

MUSEUM
Im **Markgrafen-Museum** in einem Gebäude des 14.–18. Jh. ist die Kaspar-Hauser-Abteilung hervorzuheben; sie geht den diversen Theorien über die Abstammung des berühmten Findelkinds nach (Kaspar-Hauser- Platz 1, Di.–So. 10.00–17.00 Uhr).

VERANSTALTUNG
Rokoko-Festspiele finden jedes Jahr im Juli (www.rokoko-festspiele.de) statt.

HOTEL UND RESTAURANT
Wenn Ansbach, dann Rokoko: **€ € Schwarzer Bock** (Pfarrstraße 31, 91522 Ansbach, Tel. 0981 42 12 40, www.schwarzerbock.com).
Einfach, aber gut ist das **€ € Bratwurst-Glöckle** in der Innenstadt (Uzstraße 4, Tel. 0981 466 11 11, www.bratwurst-gloeckle.com).

UMGEBUNG
Wolframs-Eschenbach (20 km südöstl.) gilt als vermutlicher Geburtsort des mittelalterlichen „Parzival"-Dichters Wolfram von Eschenbach. Die Stadt nennt sich erst seit dem 20. Jh. so und bietet ein sehr schönes Stadtbild, das von Türmen und Toren, der Stadtmauer und vielen Fachwerkhäusern geprägt ist.
Roth ist bei Extremsportlern weltweit bekannt für den im Juli stattfindenden Triathlon „Challenge Roth". Die Athleten absolvieren die Langdistanz: 3,8 km Schwimmen, 180 km Radfahren und 42 km Laufen.
Gunzenhausen ist der zentrale Ort im **Fränkischen Seenland.** Die wichtigsten, von Menschenhand geschaffenen Gewässer sind Altmühl-, Brombach- und Rothsee. In Allmannsdorf am Großen Brombachsee erläutert das Infozentrum Fränkisches Seenland die Hintergründe des gewaltigen Wasserbauprojekts (Mandlesmühle; Mai–Sept. tgl. 10.00–16.00 Uhr). Touristisch ist das Seenland dank seiner Freizeit- und Sportangebote mittlerweile ein Riesenerfolg (siehe auch S. 77).
Fachwerk, Stadtmauer und Burgruine locken nach **Hilpoltstein** südl. vom Rothsee. Weiter südöstl. liegt **Weißenburg** mit seinem Kastellgelände (Römermuseum, barrierefrei).

INFORMATION
Amt für Kultur und Tourismus, Johann-Sebastian-Bach-Platz 1, 91522 Ansbach, Tel. 0981 5 12 43, www.ansbach.de

3 Dinkelsbühl

Mit ihrem geschlossenen mittelalterlichen Altstadtensemble macht die 12 000-Einw.-Stadt, Reichsstadt von 1274 bis 1802, Rothenburg ob der Tauber Konkurrenz.

SEHENSWERT
Wie Rothenburg wird das Zentrum von einer sehr gut erhaltenen **Stadtmauer** (13.–15. Jh.) umgeben. 18 Türme zeichnen eine markante Silhouette. Am schönsten ist die **Turmparade** TOPZIEL beim Blick von Süden mit Salwartenturm, Krugsturm, Hertelsturm, Hagelsturm und Weißem Turm. Schön sind auch das Nördlinger Tor mit der Stadtmühle, der Bäuerlinsturm, Wahrzeichen der Stadt mit Fachwerkobergeschoss, das Wörnitz-Tor, ältestes der vier Stadttore, und im Norden der Faulturm mit Parkwächterhäuschen und Weiher.
Im Zentrum ragt das spätgotische **Münster St. Georg** (15. Jh.) . Der **Weinmarkt** bietet fünf prächtige Giebelhäuser aus dem 16. und 17. Jh.; vom **Deutschen Haus** (um 1600) grüßt Bacchus, der römische Gott des Weines. Und an der Schranne, dem historischen Kornspeicher, kann man aus der Nacht den Tag machen – mittels eines kleinen Automaten, wenn die reguläre Stadtbeleuchtung ab 22.00 Uhr abgeschaltet ist. Die **Spitalanlage** (15. Jh.) beherbergt u.a. das Landestheater.

MUSEUM
Im **Alten Rathaus** (Urspr. um 1490) befindet sich das Haus der Geschichte, das Dinkelsbühls Vergangenheit zwischen Krieg und Frieden dokumentiert (Mai–Okt. Mo.–Fr. 9.00 bis 17.30, Sa.–So. 10.00–16.00, Nov.–April Mo. bis Fr. 10.00–17.00, Sa.–So. 10.00–16.00 Uhr).

VERANSTALTUNG
Im Juli wird nachgestellt, wie im Dreißigjährigen Krieg die Kinder der Stadt den anrückenden schwedischen Soldaten entgegen-

liefen und (erfolgreich) um Gnade flehten – was eine rührende Geschichte ergibt. Diese **Kinderzeche** wird vor dem Alten Rathaus und dem nahen Wörnitztor inszeniert.

HOTEL UND RESTAURANT
Im € € **Gasthof Blauen Hecht** fühlt man sich schlicht wohl. Die Zimmer im 400 Jahre alten Haupthaus sind frisch renoviert, das Essen ist bodenständig fränkisch. Fränkisch auch die Weinauswahl (Schweinemarkt 1, 91550 Dinkelsbühl, Tel. 09751 58998-0, www.romantica hotel.de/romanticahotelblauerhecht).

UMGEBUNG
Feuchtwangens (15 km nördl.; www.tourismus -feuchtwangen.de) Zentrum um den Marktplatz mit klassizistischem Rathaus (1817) und Röhrenbrunnen (1725) wird noch von Fachwerk bestimmt. Ein Kleinod ist der Kreuzgang der romanisch-gotischen Stiftskirche (Urspr. 12. Jh.).
In **Mönchsroth** (südl.; http://www.moenchs roth.de) finden sich noch Reste des Limes und Rekonstruktionen, so z. B. ein Wachturm.

INFORMATION
Touristik Service, Altrathausplatz 14, 91550 Dinkelsbühl, Tel. 09851 90 24 40, www.tourismus-dinkelsbuehl.de

4 Eichstätt

Anmutig, katholisch und barock: So lässt sich der bald 1300-jährige Bischofssitz mit seinen knapp 15 000 Einw. charakterisieren. Nach schwersten Zerstörungen im Dreißigjährigen Krieg wurde die Stadt barock wieder aufgebaut.

SEHENSWERT
Die ab 1700 entstandene **Fürstbischöfliche Residenz** mit Spiegelsaal (Residenzplatz 1, Mo.–Fr. 7.30–12.00, Mo.–Mi. 14.00–16.00, Do. 14.00–17.30 Uhr), der Dom (13.–15. Jh.) und die Renaissance-**Willibaldsburg,** 1355 begonnen, aber erst 1725 fertiggestellt, sind die touristischen Höhepunkte im beschaulichen Städtchen mit seiner barock geprägten Altstadt. Das **Jura-Museum** bietet Erstaunliches, etwa den Urvogel Archaeopteryx oder den Juraventor, Europas besterhaltenen Raubsaurier (Willibaldsburg, www.jura-museum.de; April–Sept. Di.–So. 9.00–18.00, sonst Di.–So. 10.00–16.00 Uhr).

HOTEL UND RESTAURANT
In einer Domstadt nächtigt man stilecht im € **Kloster St. Walburg** (Walburgiberg 6, 85065 Eichstätt, Tel. 08421 98 87 0, www.abtei -st-walburg.de).
Ob Bachsaibling aus dem Altmühltal oder Höllnsteak, danach sollte man im € € € **Höllbräukeller** das Bieramisu probieren (Pedettistraße 38. 85072 Eichstätt, Tel. 08421 9345730, www.zumhoellbraeukeller.de).

INFORMATION
Tourist-Information, Domplatz 8, 85072 Eichstätt, Tel. 08421 600 14 00, www.eichstaett.de

SIEBEN AUF EINEN STREICH

Gerade mal ein Vierteljahrhundert ist das Fränkische Seenland alt. Geschaffen von Menschenhand zum wasserwirtschaftlichen Ausgleich, hat es sich schnell zum beliebten naturnahen Freizeitareal entwickelt. Damit jeder sein Plätzchen findet, wurden speziell ausgewiesene See- und Uferbereiche für Wassersportler und Hundebesitzer, aber auch Schutzgebiete für die Zugvögel geschaffen, so die Vogelinsel im Altmühlsee, auf der ein Lehrpfad mit Aussichtsturm zu finden ist.

Segeln oder Surfen auf dem Rothsee, Kanufahren oder Stand-Up-Paddeln, Radeln und Spazierengehen, eine Bootstour mit der „MS Brombachsee“ auf dem Großen Brombachsee oder mit einer 18 Meter langen Galeere, Kraxeln im Kletterpark Enderndorf – Möglichkeiten, am oder auf dem Wasser aktiv zu werden, gibt es viele. Andererseits locken aber auch die Strände an jedem der sieben Seen einfach nur zum Faulenzen und Baden. Der Hahnenkammsee etwa hat gar einen Nichtschwimmerbereich. Und man kann im Zelt oder Wohnwagen direkt am Seeufer sein Quartier aufschlagen. Den schönsten Campingplatz, direkt am Großen Brombachsee, findet man hingegen in Langlau. Dort kann man zudem in einem Fass übernachten, wenn man denn möchte ...

Im Fränkischen Seenland locken Strände auch einfach nur zum Faulenzen.

Mit 16 Kilometern Uferlänge und 1,3 Kilometer Strand ist der Große Brombachsee der größte See des Fränkischen Seenlands, während der Dennenloher See mit 1100 auf 280 Metern sowie einer maximalen Tiefe von 2,4 Metern eher ein Weiher ist – aber immerhin mit Strand und Kiosk. Dort dürfen die Angler auf Karpfen, Zander, Hechte und Schleien gehen, die auf den nahen Grillplätzen auch gleich zubereitet werden können.

Tourismusverband Fränkisches Seenland,
Postfach 1365, 91703 Gunzenhausen Tel. 09831 50 01 20,
www.fraenkisches-seenland.de
See Camping Langlau, Seestraße 30, 91738 Pfofeld-Langlau,
Tel. 09834 9 69 69, www.seecamping-langlau.de

Fränkische Schweiz

*

ETWAS JENSEITS DER ZEITEN

*

Märchenhaft fabulös erscheinen die Tropfsteinhöhlen. Kantige Felsen symbolisieren Kraft und Beständigkeit. Stille Wälder verströmen den Hauch des Romantischen. Und niedliche Dörfchen strahlen unwiderstehliche Stubengemütlichkeit aus. Alles zusammen ergibt den Eindruck: In der Fränkischen Schweiz scheint die Zeit stehen geblieben zu sein.

Im Aufseßtal ist der Sommer in Hochform.

Bizarr ragen Kalkfelsen wie die Wiesenthauer Nadel aus dem Walberla, wie die Ehrenbürg im Volksmund genannt wird.

Das Walberla-Fest soll seine Wurzeln im Wotanskult haben.

Am ersten Maisonntag wird auf dem Berg das Walberla-Fest zu Ehren der hl. Walburga gefeiert. Seit Jahrhunderten gibt es hier oben eine Walburgis-Kapelle.

Die mit der Piemont-Kirsche!" Wer kennt den verführerischen Werbespruch nicht? Nur: Es gibt keine Piemont-Kirsche, denn dort wachsen Weintrauben und Nüsse, aber keine Kirschen. „Die mit der fränkischen Kirsche," das klänge natürlich nicht so gut. Dafür schmecken die jährlich bis zu 8000 Tonnen Kirschen der 200 000 Bäume in der Fränkischen Schweiz so, wie sie sein müssen: saftig-süß und aromatisch, außen knackig, innen fleischig.

Kirschen sind ein Inbegriff für Sommer. Und ein Sommer in der Fränkischen Schweiz ist, wenn roter Klatschmohn blüht, die Buchenwälder sich im Wind wiegen, Bienen summen und irgendwo jemand Holz sägt. Sogar ein Huhn ist entlaufen und gackert frohgemut auf der Dorfstraße. Natürlich hat in diesen Fachwerkhausdörfern jeder ein Auto und Internet, es gibt Supermärkte und mittlerweile gigantisch wirkende landwirtschaftliche Maschinen, aber dennoch wirkt alles ein wenig wie früher, heimeliger, kuscheliger als anderswo. Und die Gäste, die in die Fränkische Schweiz fahren, suchen genau das. Die wollen keine Discos oder Chill-Out-Lounges. Die wollen wandern, radeln, klettern, Kirschen und Zwetschgen vom Baum, Salbei und Minze riechen, an der Wiesent hocken, eine Burg besuchen oder auf dem Walberla träumen. Und vielleicht einem Bauern lauschen, der die Geschichte von einem jungen Mann erzählt, der die Mädchen unten im Dorf scharenweise unruhig gemacht hat: „Kein Rock war vor ihm sicher. Und so soll es eines Tages geschehen sein, dass in ein und derselben Nacht zwei Mädchen von ihm schwanger wurden. War das ein Aufruhr!"

RUNDGANG MIT HANDY

Auf dem Walberla haben sich alle möglichen Völker angesiedelt. Die Kelten machten als Erste aus dem Plateau eine Kultstätte. Archäologen suchen noch heute nach Gräbern und Hinterlassenschaften. Georg Distler ist das ziemlich

Die Wallfahrtskirche von Gößweinstein ist barocke Kostbarkeit und beliebtes Pilgerziel zugleich.

Pottenstein gilt als einer der ältesten Orte der Region und gehört zu den großen touristischen Anziehungspunkten.

Tüchersfeld ist berühmt für seine bizarren Felstürme aus Kalkstein. Wie sie entstanden sind, erklärt das Fränkische-Schweiz-Museum im so genannten Judenhof.

egal. Der Wanderschäfer liebt seine Heimat und noch mehr seine Tiere: „Die schönsten Stunden in meinem Arbeitsalltag sind die zwölf Stunden mit den Schafen", sagt er. Am Walberla sieht man ihn mit seinen 400 Tieren, die ihm jedes Jahr zwei Tonnen Wolle schenken. Aber sind die Lämmchen sechs Monate alt, schlachtet er sie. So war es immer. Den zarten Lammbraten im Gasthaus verschmäht man ja trotzdem nicht.

Schlachttag ist auch im nahen Egloffstein, wo Distler herkommt. Die Fachwerkhäuser schmiegen sich an den Burgberg, wo so mancher Fels den Bewohnern im Wortsinn aufs Dach zu fallen droht. Fleisch- und Wurstgeruch liegt in der Luft. Irgendwo im Markt gibt es Kesselfleisch. Blutwürste werden abgedreht, Grieben gemacht. Fränkisches Bier fließt. „Das gibt einen gesunden Schlaf", sagt der Metzger. Und ein Handwerksbursche auf der Walz bekommt selbstredend seine Brotzeit. Alltagstraditionen, die leben, unverkünstelt und nicht für Touristen wie so mancher Heimatabend mit Tracht und Musik. Aber trotzdem kann man in Egloffstein einen Rundgang mit seinem Handy oder Tablet machen, denn auch die Fränkische Schweiz ist schließlich im 21. Jahrhundert angelangt.

»VON EINEM PARADIES DURCH DAS ANDERE.«

Jean Paul über die Fränkische Schweiz

EINE SCHWEIZ IM KLEINEN

Dichter der Romantik wie Victor von Scheffel und Ludwig Tieck sind für den merkwürdigen Namen Fränkische Schweiz mitverantwortlich. Eine reine Replik von Mutter Erde kann es ja wohl nicht sein bei Höhen von gerade mal 500 bis 600 Metern, die ursprünglich Muggendorfer Gebürg hießen. Erst 1807 taucht der Begriff Fränkische Schweiz zum ersten Mal in einer Abhandlung

Im Harry-Potter-Kletterfelsen bei Waischenfeld (oben links). Gute Aussicht genießt man in Wichsenstein (oben rechts). Nur mehr eine Ruine: Neideck bei Muggendorf (unten links). Das Aufseßtal lädt zum Spaziergang (unten rechts)

Seit gut 100 Jahren trägt das idyllische Waldstück bei Wohlmannsgesees seinen Namen Druidenhain, der wohl romantischen Fantasien entsprungen ist.

Höhlen

Special

Geheimnisvoll

Glänzende Kalkgebilde, spitz aufragende Stalagmiten und herabhängende Stalaktiten: Eine Höhle ist etwas Besonderes, weil stets geheimnisvoll.

In dieser Millionen Jahre alten Unterwelt tropft es allerorten. Es gibt winzige Lebewesen, die ohne Licht auskommen. Ein Tropfstein braucht etwa sieben Jahre, um einen Millimeter zu wachsen. Und das Klima ist immer gleich – die Teufelshöhle bei Pottenstein hat ganzjährig konstant neun Grad. Die Teufelshöhle, die nicht minder bekannte Binghöhle in Streitberg, Deutschlands größte Galerietropfsteinhöhle mit 400 Metern Länge, oder die Sophienhöhle im Ahorntal, die bundesweit als eine der schönsten gilt, sind aber nur drei von mehr als 1000. Knapp 50 von ihnen sind begehbar, einige nur mit Führer.

des Geografen Johann Christian Fick auf. „Was du in der Schweiz vorfindest, findest du hier im verjüngten Maßstabe wieder", schrieb kurz darauf ein Epigone, und die schwärmerischen Dichter trugen den Begriff in die Welt.

1992 bekam der damals für die Fränkische Schweiz zuständige Landrat Otto Ammon Post von den Eidgenossen: Man möge doch bitte für die Erstellung einer Skulptur vor dem Berner Bundeshaus einen Stein stiften. 44 Steine aus Gebieten mit „Schweiz" im Regionennamen kamen so aus allen fünf Kontinenten zusammen. Die Recherche ergab weltweit 192-mal die Bezeichnung Schweiz in einem Gebietsnamen, allein 67-mal in Deutschland.

TROUBADIX IN DER HÖHLE

Letztlich könnte man die Fränkische Schweiz auch Obelix-Land nennen. Aus den Buchenwäldern ragen Dolomitfelsen heraus, die wie Hinkelsteine aussehen. Im Druidenhain bei Wohlmannsgesees könnte Miraculix seinen Zaubertrank mixen. In der unterirdischen Welt der Höhlen dürfte Troubadix ungeknebelt und lauthals singen, während die Dorfbewohner oben mit Wildschwein und Wein ausgelassen feiern. Und Asterix kommt dem Bild eines Franken in der Mentalität sehr nahe: einfallsreich, gutmütig und brutal zugleich – zumindest wenn es gegen Römer geht. „Die Franken sind ja eigentlich auch total brutal", bestätigt der fränkische Kabarettist Volker Heißmann. Mit dem Zusatz: „Sie sind brutal ehrlich ..."

In Verbindung mit dem fränkischen Dialekt wirkt diese Ehrlichkeit manchmal kindlich und verspielt. Wenn aus dem Bach ein Bächla wird, Würste Wärscht heißen, wenn die Paula „Baula" gerufen wird und Thomas „der Dhomas", dann wirkt das alles sehr einfach, aber auch sehr – simbadisch, ums mal frängisch zu sogn. Bismarck muss falsch gelegen haben, als er meinte, dass man in der Fränkischen Schweiz Gastfreundlichkeit eigenwillig auslege, im Sinne von der Gast habe freundlich zu sein. Vielleicht war mit ihm kein Plausch möglich? „Wo kommt a no her", lautet stets der erste Satz an den Gast, ehe der Fremde bedient wird.

In der Fränkischen Schweiz scheint es wie in der viel beschworenen guten alten Zeit zu sein. Nur ist es mit dieser Zeit vielleicht wie mit der Piemont-Kirsche und es hat sie gar nicht gegeben? Weil früher alles ärmer, kälter, reglementierter und die Arbeit im Stall und Hof viel härter war? Es ist wie ein alter Computer mit moderner Software: Die Umstände haben sich verbessert. Aber die Schale scheint gleich geblieben zu sein.

Die besten Landgasthöfe

SÜSSES NICHTSTUN

Einen schönen Ausflug mit dem Auto, eine tolle Radltour oder eine lange Wanderung wird gerne gekrönt von einer Einkehr: zum Erfrischen, zum Schmausen und manchmal auch zum Träumen. Die folgenden Landgasthöfe geben schon mal das Ziel vor. Den Weg dahin macht man dann nach Gusto – per Auto, Rad oder Pedes …

1 Bier vom Felsenkeller

Sieben Kilometer vor den Toren von Kronach, in der 350-Einwohner-Gemeinde Wötzelsdorf, weist schon die üppige Blumendekoration auf den Balkonen auf ein besonderes Haus hin: den Landgasthof Zum Goldenen Wagen, in dem die Gäste fränkische Spezialitäten in der gemütlichen Stube oder im schönen Biergarten genießen. Das Bier lagert im Felsenkeller, und die netten kleinen, aber modern eingerichteten Zimmer kosten mit Frühstück gerade mal ab 28 Euro pro Person. Wo gibt's das schon noch …?

Landgasthof Zum Goldenen Wagen, Wötzelsdorf 13, 96317 Kronach, Tel. 09261 94 81 0, www.gasthof-schmidt.de

2 Schmecken, süffeln, schlummern

Das Fränkische ist urig, gelassen und unkompliziert. Und genau so gibt sich der Brau.Gasthof Pfister, 1848 gegründet und samt Biergarten zwischen Bamberg (20 Min. mit dem Auto) und Nürnberg (40 Min.) in herrlicher Waldlandschaft gelegen. Gastgeberin Elisabeth Pfister kümmert sich um die heimatliche Kulinarik sowie einige modern renovierte Zimmer, während Bruder Stefan Pfister das hauseigene, ökologisch gebraute Bier abfüllt. Drei Sorten – Landbier, schwarzes Kellerbier und Weißbier – werden in Bügelverschlussflaschen angeboten, auch zum Mitnehmen.

Brau.Gasthof Pfister, Eggerbacherstraße 22, 91330 Eggolsheim-Weigelshofen, Tel. 09545 94 26 0, www.pfister-weigelshofen.de

3 Der beste Karpfen

Ganz in der Nähe werden ebenfalls seit Generationen Gäste bewirtet, seit Hunderten von Jahren das Bier selbst gebraut und die besten Karpfen der Region gezüchtet. Und wer keinen Fisch mag, wählt ganz sicher den Wildschweinbraten von der eigenen Jagd. Neben drei Biersorten gibt es aber auch noch Brände: Zwetschge, Schlehe, Mirabelle, Kirsch und Himbeer, Apfel und Birne sowie den Fränkischen Trester vom Riesling. Die Stube ist gemütlich, der Biergarten lauschig und die Zimmer sind modern und günstig.

Landgasthof und Brauerei Rittmayer, Willersdorf 108, 91352 Hallerndorf, Tel. 09195 9 47 30, www.rittmayer.com

4 Das Dorf am See

Die Lage direkt am See von Niedernberg ist einmalig im Spessart. Gleiches gilt für das Ensemble aus Wirtshaus und Hotel, offener Küche und heller Veranda, Weinkeller und Scheune für Feiern sowie einem guten Wellness-Bereich. Dazu kommt im Sommer die Seeinsel, auf der man gemeinsam mit anderen Gästen am Sandstrand liegen kann. Das Seehotel ist mehr als nur ein Landgasthof, hat aber seine Atmosphäre bewahren können. Ein perfekter Standort, wenn man mehrere Spessart-Touren plant.

Seehotel, Leerweg 1, 63843 Niedernberg, Tel. 06028 99 90, www.seehotel-niedernberg.de

5 Gehoben und verwunschen

Irgendwann denkt man: Jetzt kommt doch nichts mehr ... Überall Wald, nur ab und an mal eine Lichtung. Das ehemalige Klostergut Amorhof der Benediktinerabtei Amorbach von 1446 ist seit etlichen Jahren ein wunderschönes Landhotel mit zwei sehr guten Restaurants. In der Abt- und Schäferstube tischt Sternekoch Achim Krutsch auf, in der Benediktinerstube geht's etwas bodenständiger zu. Ein guter Platz für ein paar Tage Erholung und Genuss.

Der Schafhof, Schafhof 1, 63916 Amorbach, Tel. 09373 973 30, www.schafhof.de

6 Da geht's um die Wurst

Der Name ist Programm: Hofstadel heißt der Mönchberger Landgasthof, und so sehen die Räumlichkeiten auch aus. Rustikale Vollholzatmosphäre innen und ein wenig Landgeruch draußen, 50 Schweine werden bei Metzgermeister Marcus Link artgerecht gehalten – und landen irgendwann dann doch auf den Tellern der Gäste. Die Wurst- und Schinkenspezialitäten gibt's auch zum Mitnehmen. Keine Zimmer.

Landgasthof Hofstadel, Siedlerhof 5, 63933 Mönchberg, Tel. 09374 424, www.hofstadel.de; vom 1.–15. jeden Monats geöffnet

7 Ländlich über der Stadt

Der Ausblick ins Maintal, auf die Weinberge und Würzburg ist mit der beste, den es in Unterfrankens kleiner Metropole gibt. Der Schützenhof auf dem Nikolausberg (seit 1862!) lohnt aber nicht nur wegen seiner großen Terrasse, sondern auch wegen der Speisekarte: Im Biergarten unter alten Kastanienbäumen oder in der Stube kommt ausschließlich Fränkisches auf die Teller, wobei Kräuter und Obst aus dem eigenen Garten stammen. Unbedingt probieren: die Beerenweine, die wie Marmeladen und das Zwetschgenwasser auch zum Mitnehmen gekauft werden können. Keine Zimmer.

Schützenhof, Mainleitenweg 48, 97082 Würzburg Tel. 0931 7 24 22, www.schuetzenhof-wuerzburg.de

Maßstab 1:300.000
0
3
6km
Naturpark
Fränkische
Schweiz
Fränkische Schweiz
Veldensteiner
Forst
Reichswald
BAMBERG
BAYREUTH
FORCHHEIM
ERLANGEN
FÜRTH
NÜRNBERG
SCHWABACH
Herzogenaurach
Hollfeld
Waischenfeld
Ebermannstadt
Pottenstein
Gößweinstein
Pegnitz
Gräfenberg
Lauf a.d. Pegnitz
Hersbruck
Schnaittach
Altdorf bei Nürnberg
Feucht
Neumarkt i.d. OPf.
Hallstadt
Scheßlitz
Hirschaid
Heroldsberg
Auerbach i.d.OPf.
Stein
Zirndorf
Oberasbach
Wendelstein
Leinburg
1
2
3
4
5

DEUTSCHLANDS ROMANTISCHE SCHWEIZ

Der Name Fränkische Schweiz klingt wie ein Duplikat. Es waren die Dichter der Romantik, die den Zusatz Schweiz schwärmerisch ins 19. Jahrhundert trugen. Doch die Fränkische Schweiz ist alles andere als ein Duplikat und nicht nur für Kletterer eine Reise wert. Nahezu alle Gäste kommen aus Deutschland. Und kaum ein Gebiet bietet so viel Qualität für vergleichsweise wenig Geld.

1 Forchheim

Bereits 805 erwähnt, zählt die 30 000-Einw.-Stadt zu den ältesten Städten in Franken. Die jahrhundertelange Festung (ab Mitte des 16. Jh.) der Bamberger Bischöfe bildet ein Tor zur Fränkischen Schweiz von Westen.

SEHENSWERT

Der **Rathausplatz** mit seinem Fachwerkensemble und dem Rathaus (15. und 16. Jh.) ist der schönste Straßenplatz der Region. Aber auch die **Festungsanlage** mit dem prachtvollen Nürnberger Tor (1698), das fürstbischöfliche **Schloss** (Urspr. 14. Jh.; „Kaiserpfalz") und die **Marienkapelle** (12. Jh.) sind beachtenswert.

MUSEUM

Zum stadtgeschichtlichen **Pfalzmuseum** gehört auch das Erlebnismuseum Rote Mauer, das mit Inszenierungen, Hörspielen und Texttafeln vom Alltag einer belagerten Stadt im 30jährigen Krieg erzählt (Schloss, Tel. 09191 71 43 26; https://kaiser pfalz.forchheim.de; April–Okt. Di.–So. 10.00 bis 17.00 Uhr, sonst kürzer, Erlebnismuseum April bis Okt. nur So.).

VERANSTALTUNGEN

Zur **Bierkeller-Eröffnung** der 23 Bierkeller (meist mit Biergärten) vom Kellerberg im April treten Heimat-, Trachten-, Musik- und Schützenvereine an. Das bekannte Volksfest **Annafest** findet Ende Juli/Anf. Aug. statt.

EINKAUFEN

Seit 1945 produziert **Piasten** Schokoladen und Pralinen in Forchheim. Beim Werksverkauf gibt es Rabatt (www.piasten.de/werksverkauf).

HOTEL UND RESTAURANTS

€ Am Kronengarten ist ein von Reben umranktes Altstadthotel (Bamberger Straße 6a, 91301 Forchheim, Tel. 09191 7 25 00, www.hotel-am-kronengarten.de).
€ € Zum Alten Zollhaus bietet raffinierte fränkische Küche – ein Augen- wie Gaumenschmaus gleichermaßen (Hauptstraße 4, Tel. 09191 97 09 90, www.zollhaus-forchheim.de). Der Aischgrund (westl.) lohnt den Besuch in der Karpfenzeit von Herbst bis Frühjahr; den Fisch gibt es im Bierteig gebacken oder blau, u. a. im **€ € Landgasthof Rittmayer** (Willersdorf 108, Hallerndorf, Tel. 09195 9 47 30, www.rittmayer.com).

UMGEBUNG

Obgleich gerade mal gut 500 m hoch, ist der **Walberla** (östl. Wiesenthau) der bekannteste Berg der Region. Sehr schöne Felsformationen, herrlicher Blick ins Wiesenttal und vom Burgstein, direkt am Felsabbruch, übers Walberla. **Baiersdorf** (südl.) ist für Meerrettichanbau bekannt, der Aischgrund (westl.) für seine Karpfen. Sie stammen aus mehr als 7000 Weihern, die den Aischgrund zur größten zusammenhängenden Weiherlandschaft Europas machen.

INFORMATION

Tourist-Information, Kapellenstraße 16, 91301 Forchheim, Tel. 09191 71 43 38, www.forchheim-erleben.de

Tipp

Hosen für die Welt

Levi (Löb) Strauss, der Vater aller Blue Jeans, ist ein 1829 geborener Franke aus Buttenheim. Aus wirtschaftlicher Not wanderte die Familie nach San Francisco aus, wo Levi später für die Goldsucher strapazierfähige blaue Arbeitshosen aus Denim schneidern ließ, die erst um 1920 Jeans genannt wurden. Seit 1936 gibt es die legendäre (mit der einstigen Bestellnummer) 501.

Geburtshaus Levi Strauss Museum, Marktstraße 31, Buttenheim (nördl. Forchheim), Tel. 09545 44 26 02, www.levi-strauss-museum.de; März–Okt. Di. und Do. 14.00–18.00, Sa., So. und Fei. 11.00–17.00 Uhr

Forchheims Rathausplatz

2 Ebermannstadt

In der mehr 1000 Jahre alten Kleinstadt mit 7000 Einw. laufen die touristischen Fäden der Fränkischen Schweiz zusammen.

SEHENSWERT

Durch verwinkelte **Gassen,** an Fachwerkhäusern und der im Ursprung romanischen **Marienkapelle** vorbei geht es zum 400 Jahre alten **Wasserschöpfrad** an der Wiesent.

VERANSTALTUNGEN

Beim **Kirschenfest** im Juli im obstreichen Pretzfeld (südl.) gibt sich auch die Kirschkönigin die Ehre. Bei der **Lichterserenade** treiben am ersten Sa. im Aug. nach Einbruch der Dunkelheit rund 10 000 selbst gebastelte und mit Kerzen bestückte Papierschiffchen die Wiesent hinunter.

HOTEL UND RESTAURANT
Der € **Gasthof Resengörg** ist in einem schönen Fachwerkhaus untergebracht (Hauptstraße 36, 91320 Ebermannstadt, Tel. 09194 7 39 30, www.resengoerg.de; nach Zimmern mit Wiesent-Blick fragen).
Im € € **Brauereigasthof Schwanenbräu** gibt es nicht nur selbst gebraute Biere und selbst gebrannte Schnäpse, sondern auch leckere fränkische Küche und moderne Zimmer (Am Marktplatz 2, Tel. 09194 209, https://hotel-schwanenbraeu.jimdosite.com).

INFORMATION
Tourist-Information, Bahnhofstraße 5, 91320 Ebermannstadt, Tel. 09194 50 64 0, www.ebermannstadt.de

3 Wiesenttal

Die im Zuge einer Gebietsreform entstandene Gemeinde (2500 Einw.) umfasst auch Muggendorf und Streitberg. Schroffe Felswände, Höhlen und die Flüsse Wiesent und Aufseß machen die Umgebung zu einem der landschaftlich attraktivsten Gebiete der Fränkischen Schweiz.

SEHENSWERT
Das Fachwerkrathaus von **Muggendorf,** mehr noch die Burgruinen Neideck (13. und 14. Jh.) und Streitburg (Urspr. 12. Jh.) über **Streitberg** sind die interessantesten Bauwerke.
Die **Binghöhle** bei Streitberg ist 400 m lang: In Deutschlands größter Galerietropfsteinhöhle können besonders schöne Tropfsteine und die Kristallgrotte bewundert werden (www.binghoehle.de; Führungen Ende März–Anf. Nov. Di.–So. 10.00 bis 17.00 Uhr).

Tipp

Schottische Exklave

Im Land der Obstbrände gibt es auch Whisky. Und der fränkische Whisky kann es durchaus aufnehmen mit den Single Malts aus Schottland oder Irland. In Franken wirkt die „Blaue Maus", so der Markenname, zwar ein bisschen wie ein Koran im Vatikan, aber das stört in der ältesten deutschen Single-Malt-Destillerie niemanden. Der Begriff Whisky ist – anders als Grappa oder Cognac – nicht geschützt, und Franken hat alles, was man für ein gutes „Wasser des Lebens" benötigt: Gerste, Hefe und bestes Quellwasser. Es gibt Führungen und Verkostungen.

Whiskydestillerie Blaue Maus
Bamberger Straße 2, 91330 Eggolsheim (nördl. Forchheim), Tel. 09545 74 61, www.fleischmann-whisky.de

Beim Walberlafest (links); Tropfsteine in der Teufelshöhle (rechts oben); Devotionalien im Wallfahrtsort Gößweinstein (rechts unten)

MUSEEN
Das **Modellbahnmuseum Muggendorf** zeigt eine umfangreiche Sammlung von Bahnen und Zubehör (Muggendorf, Bayreuther Straße 23, Tel. 09196 16 30, www.modellbahnmuseum.de; So. 10.00–12.00 und 14.00–17.00 Uhr). Von Mai bis Okt. ist So. und Fei. die Anreise mit dem Dampfzug möglich, der von Ebermannstadt über Muggendorf nach Behringersmühle fährt (www.dampfbahn.net).

AKTIVITÄTEN
Zwischen Muggendorf und Behringersmühle gehen **Fliegenfischer** im Wiesentgrund auf Forellen & Co. (www.wehrl-fischen.de; die Anzahl der Tageskarten ist begrenzt).

VERANSTALTUNG
Das **Erntedankfest** mit Umzug im Okt. gehört zu den schönsten Brauchtumsfesten der Region.

EINKAUFEN
Allein sieben Brennereien gibt es in Wiesenttal. Kirschen, Äpfel, Birnen, Mirabellen, Zwetschgen werden direkt vor Ort verarbeitet, z. B. in der **Sektmanufaktur und Edelbrennerei von Johann Schilling** (Streitberg, Bahnhofstraße 10, Tel. 09196 9 98 72 48, https://brennerei-schilling.de).

HOTEL UND RESTAURANT
Eigene Metzgerei und Biergarten: Im € € **Gasthof zur Wolfsschlucht** kehrt man immer wieder gern ein. Wie gut, dass man nach Speis und Trank auch übernachten kann (Wiesentweg 2, Muggendorf, 91346 Wiesenttal, Tel. 09196 324, https://gasthof-zur-wolfsschlucht.de).

UMGEBUNG
Der wie von Zauberhand geschaffene Druidenhain liegt in einem Waldstück bei **Wohlmannsgesees:** ein Labyrinth aus moosbewachsenen Dolomitfelsen. Schloss Greifenstein (Urspr. 12. und 17. Jh.) über **Heiligenstadt** wird gern Klein-Neuschwanstein genannt – nicht des Aussehens wegen, sondern weil der einstige Besitzer Franz Schenk von Stauffenberg ein Freund des bayerischen Märchenkönigs Ludwig II. war (http://schloss-greifenstein.de).

INFORMATION
Touristinformation, Forchheimer Straße 8, 91346 Wiesenttal, Tel. 09196 92 99 31, www.wiesenttal.de

4 Waischenfeld

Der Luftkurort mit 3000 Einw. liegt im waldigen Wiesenttal.

SEHENSWERT
Der 13 m hohe Turm „Steinerner Beutel" ist das Wahrzeichen der Gemeinde. Er ist der letzte Rest einer rund 650 Jahre alten **Burganlage** hoch über der Stadt.

AKTIVITÄTEN
Die Wiesent mit dem Kanu entdecken: zwischen Mai und Sept. die einzige erlaubte Flusswanderfahrt durch die Fränkische Schweiz (www.kajak-mietservice.de). Das **Fliegenfischen** kann man u. a. bei Michael Sanna erlernen (www.fliegenfischerschule-fraenkische-schweiz.de). Im Ort liegen die **Kletterfelsen** Freistein und Moby Dick, außerhalb die beiden beliebten, bis zu 15 m hohen Harry-Potter-Wände. Der **König-Ludwig-Steig** führt über 17 km zur 5 m hohen Weißen Marter nach Köttweinsdorf und damit zur größten Dreifaltigkeitsstatue Deutschlands.

VERANSTALTUNG
Wenn der Wiesentrenner gegen den Schmierbachflitzer antritt, dann ist Aug. und **Brühtrogrennen** auf der Wiesent in Nankendorf, ein Spektakel mit Volksfest und Sau am Spieß.

HOTEL UND RESTAURANT
1834 wurden die Brauerei wie auch der € **Brauerei-Gasthof Krug** gegründet (Breitenlesau 1b, 91344 Waischenfeld, Tel. 09202 535, https://krug-braeu.de; einfache Zimmer).
Fangfrische Forellen im Biergarten unter Obstbäumen gibt es im € € **Rabeneck** am Waldrand (Rabeneck 27, 91344 Waischenfeld, Tel. 09202 220, https://waldpension-rabeneck.de).

UMGEBUNG
Die **Sophienhöhle** im Ahorntal ist 470 m lang und gehört zu den spektakulärsten Höhlen in Deutschland (www.burg-rabenstein.de; Führungen Ende März–Anf. Nov. Di.–So. 10.30 bis 17.00 Uhr); Sa. wird sie mit Lichteffekten und sphärischer Musik dramatisch in Szene gesetzt (18.00 Uhr).
In der Nähe laden die Burgen **Rabenstein** und **Rabeneck** zu einer Burgtour ein. Auf Rabenstein kann man fürstlich nächtigen, wie schon König Ludwig I. (www.burg-rabenstein.de).

INFORMATION
Tourist-Information, Bischof-Nausea-Platz 2, 91344 Waischenfeld, Tel. 09202 96 01 17, www.waischenfeld.de

5 Pottenstein

Umringt von Bergen liegt das malerische 5000-Einw.-Felsenstädtchen, bestimmt von Fachwerk und gekrönt von seiner Burg.

SEHENSWERT
Schon vor 1000 erwähnt und im 16. Jh. wieder aufgebaut, zeigt sich **Burg Pottenstein** mit Unter- und Oberburg, Zeughaus und Zisterne sowie Resten des Burgfrieds. Auch die **Altstadt** mit Pfarrkirche (um 1775) lohnt einen Gang.

HOTEL UND RESTAURANT
Seit 1770 Gasthof: Die **€ € Goldene Krone** bietet verwinkelte Zimmer hinter Fachwerk, Biergarten und fränkische Küche (Marktplatz 2, 91278 Pottenstein, Tel. 09243 9 24 30, www.goldene-krone-pottenstein.de).

UMGEBUNG
Die **Große Teufelshöhle** (südwestl.) hat eine Länge von 1,5 km und ist die größte Tropfsteinhöhle der Fränkischen Schweiz (www.pottenstein.de/startseite-teufelshoehle; Ende März bis Anfang Nov. tgl. 9.00–17.00, sonst So. 11.00–15.00 Uhr).
Gößweinsteins Burg wurde im 11. Jh. hoch über dem Dorf erbaut, später häufig umgestaltet und im 19. Jh. historistisch renoviert (Museum, Burgstraße 30, Tel. 09242 299 98 91, www.burg-goessweinstein.de; Ostern–Okt. tgl. 10.00 bis 18.00 Uhr). Bekannt ist der Ort aber vor allem für die von Balthasar Neumann entworfene barocke Wallfahrtskirche (18. Jh.) mit dem Gnadenbild der hl. Dreifaltigkeit, bis heute ein großartiges Pilgerziel.
Das Felsendorf **Tüchersfeld TOPZIEL** bietet imposant aufragende Felsen, den Ausblick Fahnenstein und das Fränkische-Schweiz-Museum, in dem man alles zur Archäologie und Geologie der Region erfährt (Am Museum 5, Tel. 09242 16 40, https:// fraenkische-schweiz-museum.de; April–Okt. tgl. 10.00–17.00, sonst So. 13.30–17.00 Uhr).

INFORMATION
Tourismusbüro, Forchheimer Straße 1, 91278 Pottenstein, Tel. 09243 7 08 41 www.pottenstein.de

IMMER NACH OBEN

Das Klettergebiet in der Fränkischen Schweiz umfasst mehr als 10 000 Routen an rund 1000 Massiven. Es gehört damit zu einem der am besten erschlossenen Gebiete weltweit, in Deutschland ist es gar das beste überhaupt. Namen wie der Rodenstein, das Aufseß-, Leinleiter-, Püttlach-, Trubach- und Wiesenttal ziehen nicht nur Kletter-Cracks aus ganz Europa an, sondern auch viele, die das Klettern dort erst erlernen.

Von Routen des dritten Schwierigkeitsgrads – das heißt, es geht immerhin bereits senkrecht nach oben – ist man bei seiner ersten Kletterstunde gar nicht so weit entfernt. Denn nach dem Erlernen von Anseilknoten und Abseilen geht es schon ran an die in die Höhe ragenden Kletterfelsen. In der Fränkischen Schweiz reicht das Angebot vom Schnupperkurs für Anfänger über Grund- und Aufbaukurse bis zum Spezialtraining für Fortgeschrittene.

Die ersten Schritte in die Höhe werden dabei je nach Wetter in der Natur oder in einer Kletterhalle gewagt. Grundkenntnisse in der Sicherungstechnik für sich und den Partner, die Abläufe beim Klettern in einer Seilschaft, Kommandos und Gepflogenheiten gehören zum Basiswissen, das erlernt wird und auf dem alle weiter-

Klettern macht viel Spaß, man trainiert Muskeln, Ausdauer, Geschicklichkeit und kombiniert alles mit herrlichen Eindrücken in der Natur.

führenden Kurse aufbauen. Vorkenntnisse werden nicht vorausgesetzt, doch wer sportlich ist und Kondition hat, besitzt Vorteile. Die Ausbilder sind staatlich geprüfte Berg- und Skiführer, die sich vor Ort auskennen. Und sie sorgen auch dafür, dass am Ende des Kurses schon mindestens ein Eintrag im Gipfelbuch steht.

Kletterkurse finden in der Fränkischen Schweiz von Ende April bis Sept. statt. Diese Leistungen sollten stets enthalten sein: Anleitung durch einen lizenzierten Ausbilder, Kletterausrüstung inklusive Schuhe, Transfers und Versicherung. Ein Grundkurs dauert in der Regel zwei Tage – u. a. bei der **Bergsportschule Bamberg** (Tel. 0179 5 37 22 87, www.bergsportschule.com).

Bamberg und Umgebung

PFAFFEN, BIER, KRITISCHE WORTE

Bamberg, wie Rom auf sieben Hügeln erbaut, ist tausend Jahre alt und ein denkmalgeschütztes Gesamtkunstwerk, das zum UNESCO-Weltkulturerbe zählt. Auch Bayreuths Markgräfliches Opernhaus hat es auf die erlesene Welterbeliste geschafft. Und Coburg hat immerhin vier Herzogsschlösser und sogar ein bisschen südamerikanisches Temperament zu bieten.

Bambergs Wahrzeichen, das Alte Rathaus, steht äußerst fotogen auf einer künstlichen Insel mitten in der Regnitz.

Blick vom Rosengarten der Bamberger Neuen Residenz auf eine wahre Glaubensburg,
das ehemalige Benediktinerkloster St. Michael

Im Bamberger Dom sind der letzte ottonische Kaiser Heinrich II. und seine Gemahlin Kunigunde begraben.
Mit dem Grab von Clemens II. befindet sich hier auch das einzige erhaltene Papstgrab nördlich der Alpen.

Man ist erstaunt, wie klein er wirkt: der Bamberger Reiter im Dom.

Mit Paradeblick auf den barocken Teil des Alten Rathauses: Café in der Karolinenstraße

»DER EULENSPIEGEL WAR DA. DER FAUST WAR DA. DER DÜRER WAR DA. DER GOETHE WAR DA. DER HEGEL WAR DA. DER HOFFMANN WAR DA. ABER GEBLIEBEN IST KEINER.«

Gerhard Krischker, Bamberger Mundartpoet über Bamberg

Verlaufen? Macht nichts! Ist sogar gut so! In Bamberg, Deutschlands größter erhaltener Altstadt, in der heute noch das Gestern wohnt, findet man den mittelalterlichen Charme auch und gerade abseits der ausgetretenen Pfade. Nichts besichtigen. Einfach mittendrin sein. Irgendwo im Häusergewimmel. Zwischen den Hügeln und Kirchen verläuft ein Gassenlabyrinth, in dem jeder vierte Blick das Interesse weckt. Mal für ein Haus aus dem Mittelalter, mal für ein Gebäude aus der Barockzeit. Und irgendwie scheint hinter jeder Fassade eine Geschichte zu lauern. Dort gab Schriftsteller E.T.A. Hoffmann Musikunterricht – schließlich konnte er von seiner Dichtkunst nicht leben. Ein paar Meter weiter betrank er sich. Deshalb keine Sorge: Ein Gasthof, aus dem feiner Bratwurstduft emporsteigt und der ein Bier der zehn ansässigen Brauereien anbietet, findet sich an jeder zweiten Ecke. Nur für den Fall, dass sich das Verlaufen ein wenig in die Länge zieht. Oder falls es drin ein bisschen länger dauert. In Bambergs Gasthöfen wird erzählt, gelacht und nachgedacht. Schreiberlinge und Schachspieler, Musiker und Tagträumer bringen dort den Tag rum, und einer von ihnen meint, dass ihm vor lauter Pfarrern, Mönchen, Nonnen, und CSU-Anhängern ganz schwarz vor Augen würde, worauf der Tagträumer mit Herder kontert: „... die Leute, nicht übertrieben im Fleiß, verstehen, von eigener Muße zu leben." Das ist heute noch so im klerikal-konservativen Bamberg. Da fließt der Schlendrian aufs Schönste mit katholischer Behäbigkeit zusammen. Dagegen sind die protestantischen Bayreuther schon mehr auf zack, eher sogar zackzack. Aber davon später.

EIN RATHAUS SCHWEBT

Nach Bratwurst und Bier geht es gestärkt in die Keimzelle der Weltkultur: zum berühmten Fachwerkhäuschen, das über der Regnitz zu schweben scheint. Weil der Fürstbischof den Bambergern keinen Baugrund zugestehen wollte, bauten sie ihr Altes Rathaus der Legende nach auf einer künstlichen Insel. Und an eben diesem klebt der wunderbare Fachwerkbau, das Rottmeisterhäuschen, das einst den Wachmannschaften als Unterkunft diente. Klein-Venedig als Bezeichnung für den Häuserzug entlang der Regnitz ist gleichwohl ein wenig übertrieben.

„Gorgeous!" „Marvellous!" – Dem Entzücken der vielen Amerikaner mag man dann dennoch spätestens am Kaiserdom zustimmen, dem mit vier Türmen, dem Bamberger Reiter und dem einzigen Papstgrab nördlich der Alpen (von Clemens II). Die öffentliche Domführung

Fröhliche Runde vor dem „Schlenkerla" (oben links). Auf einem der sieben Hügel Bambergs steht die historisierend wiederaufgebaute Altenburg (oben rechts). Bamberger Spitzen in der Oberen Sandstraße (unten links). Bummelparadies Altstadt – hier der Obstmarkt (unten rechts)

Im Traditionswirtshaus „Schlenkerla", bereits 1405 erwähnt, gibt es Deftiges wie Kesselfleisch und Bratwürste zum berühmten Rauchbier, das ab dem zweiten Schluck richtig schmeckt.

Vom Wasser her lässt sich Bambergs Klein-Venedig am Besten erleben – Grund genug für eine Ausflugsfahrt auf der Regnitz.

dauert genau eine Stunde. Und wer noch nicht genug hat, bucht auch gleich noch die 90-minütige Highlight-Führung Barocker Glanz in den Museen um den Bamberger Dom: Der Rundgang führt von der Alten Hofhaltung über das prachtvolle Kapitelhaus zur Residenz.

BAYREUTH BEBT

„Was hat sie, was ich nicht habe?" Diese Frage stellen nicht nur eifersüchtige Frauen, sondern auch katholische Bamberger und evangelische Bayreuther. In Sachen Weltkultur konnten die Bayreuther 2012 endlich gleichziehen. Universitäten haben auch beide, ebenso Basketball-Bundesligisten. Beide sind mit rund 75000 Einwohnern etwa gleich groß. Während aber Bamberg Bischofssitz ist und das Glück hatte, im Zweiten Weltkrieg von Luftangriffen verschont worden zu sein, wurde Bayreuth, Oberfrankens Hauptstadt, weitgehend zerstört. Deshalb ist Bayreuth großzügig angelegt, Bamberg verwinkelt. Und: „Wir sind warm, ihr seid kalt" – das sagen beide Seiten von sich und über die anderen ... Normal gilt: Die Bamberger sind behäbig, gutmütig, warm, die Bayreuther auf zack, ehrgeizig und kalt. Nur im Juli ist es anders: Wenn in Bayreuth das Afrika-Festival stattfindet, dann bebt die Stadt!

„Oh, ja!", sagt Jill O'Hare, „das waren immer die besten Tage im Jahr! Klasse

Fast abweisend zeigt die Coburger Veste
ihre Wehrhaftigkeit.

Am Marktplatz in Coburg

Weben nach alter Art: Im Fränkischen Freilandmuseum in Bad Windsheim
werden auch alte Handwerkstechniken präsentiert.

Beim Bayreuther Stadtfest werden noch die alten Trachten getragen.

Die Orangerie mit dem von Apoll in seinem Sonnenwagen geschmückten Sonnentempel in der Eremitage von Bayreuth

Special

Fränkisches Bier

A Seidla ...

Gesegnetes Aufseß: nur 1291 Einwohner, aber vier Brauereien. Damit ist es Spitze in Oberfranken wo sowieso mit über 160 Brauereien (noch) die höchste Brauereidichte der Welt herrscht. Die Vielfalt beeindruckt: helles oder dunkles Lager sowie Kellerbier (Zwickl/Zoigl), gern ungespundet, gehören zum Grundprogramm jeder Brauerei. Rauchbier ist Spezialität geblieben ebenso wie der Eisbock, der hier (aus Versehen) erfunden wurde.

Es gibt Bierwanderungen, Braumeistertouren, Bierseminare und -feste oder die Bayreuther Katakombentour durch ein 400 Jahre altes Labyrinth, das als kühler Lagerraum genutzt wurde. Man kann es aber auch spontaner haben: raus aufs Land in eine der kleinen Familienbrauereien, die oft nur den nächsten Umkreis versorgen: A Seidla geht immer ...
Adressen: www.franken-bierland.de

Musik, Tanz, Party. Das war wow! Aber hieß es immer schon um 23.00 Uhr: Schluss mit lustig ...“ Was irgendwie typisch ist für Bayreuth, denn „ansonsten war Bayreuth immer langweilig, aber dafür die Leute sehr, sehr nett zu mir“. Jill hat inzwischen Karriere gemacht in London, in einem der besten Hotels der Stadt, dem „Mandarin Oriental“ am Hyde Park. Ihren Grundstein aber hat sie in Bayreuth gelegt: Betriebswirtschaft an der Partneruniversität ihrer Heimatstadt Dublin. „In Bayreuth ging einfach alles zack, zack, geradlinig und organisiert. Das hat mir schon gefallen.“ Wie auch die Fußgängerzone Maximilianstraße, die von einem Zierbächlein begleitet wird.

Afrika-Festival hier, Wagner-Festspiele dort, die brodelnde heimische Party einerseits und der ritualisierte internationale Aufreger andererseits: Wegen letzterem wird Bayreuth gerne und regelmäßig medial verprügelt. Zu viel Wagner, zu wenig anderes! Ergo: Bayreuth bringt es nicht. „Eine furchtbar stumpfsinnige Kleinstadt“, schrieb George Bernard Shaw. Der Satiriker Wiglaf Droste setzt noch einen drauf: „Ein Kuhdunghaufen, aus dem turnusmäßig Größenwahnfried quillt.“ Wer war noch mal Wiglaf Droste? Kein Problem: Die Bayreuther sind so was gewöhnt, schütteln sich und ärgern sich über andere Dinge. So gilt die alte Regel „Wenn der Vorhang aufgeht, sind die Löcher zu“ seit ein paar Jahren nicht mehr. Baustellen während der Festspielzeit: Das ist ein Ärgernis! Wiglaf Droste? Nö, zu klein, zu neidisch. Mit dem zweifelsohne vorhandenen Neidfaktor wird so vieles vom Tisch gewischt in Bayreuth. Nur sie haben halt Richard Wagner. Also: Basst scho! Und weiter geht's ...

KLEIN-RIO TANZT

Coburg im hohen Norden Frankens wird oft unterschätzt. Da thront die berühmte Veste – und die Pracht dreier weiterer Herzogsschlösser –, aber ansonsten ist die Stadt, per Volksabstimmung zu Bayern gekommen, mehr erlebens- denn sehenswert: Bioläden geben der Stadt alternatives Flair. Galerien bieten Kunstwerke aller Preisklassen. Auf einem Bundesgrenzschutzgelände proben Nachwuchsbands, und das Vogelschießen ist ganz harmlos, denn so heißt nur das Volksfest im Sommer. Bei den Designtagen gibt sich aber schon mal Coburgs berühmtester Sohn, Prinz Albert und seiner Zeit Gatte von Queen Victoria, die Kugel bei einer Installation, während die heißen Samba-Tage 150 000 Menschen anlocken und die Großherzogsstadt in Klein-Rio verwandeln. Dann kann man sich auch dort mal verlaufen. Macht aber nichts! Ist auch in Coburg gut so!

Richard Wagner

DIÄTFEHLER UND KNOCHENSCHLEIFCHEN

Zum Thema Richard Wagner wird gern viel gesagt. Andererseits: Ohne ihn hätte Deutschland nicht die neben Salzburg bekanntesten Opernfestspiele. Und kein musikalisches Ereignis polarisiert so sehr wie der Auflauf von Künstlern, prominenten Gästen, beinahe gläubigen Wagnerianern und ganz normalen Opernliebhabern am Grünen Hügel. Ein Spaziergang auf Wagners Spuren.

Wenn Cosima sagte: „Richard hat wieder einen Diät-Fehler begangen", dann hieß das: Wagner kam aus der „Eule" und war betrunken. Die „Eule", Wagners Lieblingskneipe, ist heute ein Restaurant, in dem es die Nibelungensuppe für 6,20 und das Brünhildensteak für 27,50 Euro gibt – und sie ist Station 7 des Walk of Wagner. Vom Haus Wahnfried geht es durch Bayreuth bis zum Festspielhaus und dank zahlreicher Installationen sogar im Geiste auch durch Leipzig und Dresden, Würzburg und München, Zürich und Paris. Ein rotes W weist den Weg.

Haus Wahnfried ist Station 1 mit dem Richard-Wagner-Museum und der Grabstätte im Garten. Eine schlichte Marmorplatte ohne Inschrift: „Jeder weiß doch, wer da liegt", sagt eine Gästeführerin ihrer Gruppe. Wie wahr, wenn es wirklich stimmt, dass nur über Christus und Napoleon mehr geschrieben wurde als über Wagner. Zwei Meter daneben ist sein Hund Russ begraben. Zur Festspielzeit liegen dort Knochen mit Schleifchen ...

Richard Wagner kam ja ursprünglich wegen des Markgräflichen Opernhauses – Station 8 nach der „Eule" – ins beschauliche Bayreuth. 500 Plätze, die tiefste Bühne Deutschlands, das faszinierte ihn. Aber er mochte das Barocke nicht, weshalb ihm Ludwig II. ein eigenes Opernhaus gönnte, nur für ihn und seine Werke: das Festspielhaus am Grünen Hügel. Es wurde eines der größten Opernhäuser der Welt. 2000 Besucher finden darin Platz.

Bis der Grüne Hügel erreicht ist, kommt man bei den Steingraebers vorbei, die Wagners Klaviere stimmten, am Wohnhaus der Freundin Malwida von Meysenburg, oder man hockt Arm in Arm auf der Parkbank mit einer Richard-Wagner-Skulptur in der Opernstraße, der Station 9. Und wer nie im Festspielhaus saß, der wird staunen: über schlichte Holzklappstühle, damit sich der Klang ungestört im Raum verteilen kann. Wer hören will, muss leiden für die angeblich beste Akustik der Welt. Dazu noch sommerliche Spitzenwerte von 35 Grad. Dann ist Wagner nicht nur schwer, sondern sogar sehr schwer verdaulich. Angela Merkel weiß ein Lied davon zu singen. Am Premierentag sitzt die Bundeskanzlerin in der Loge, an den Folgetagen sieht man Frau Merkel privat im Parkett. Schotten kommen im Kilt, Japanerinnen im Kimono, und so mancher Deutsche trägt Frack. Für eine Wagner-Aufführung ist man vorbereitet. Das betrifft auch Inhalt und Motive. Wie wäre eine postdramatische Inszenierung eines Frank Castorf sonst zu deuten? Hund Russ würde wahrscheinlich heulen, was das Zeug hält.

Blick ins Haus Wahnfried, heute Richard-Wagner-Museum (oben). Posing vor dem Bayreuther Festspielhaus (unten)

Dem Meister ganz nah: Tuchfühlung auf der Wagnerbank (oben). 500 Figuren von Ottmar Hörl bevölkerten Bayreuth anlässlich des 200. Geburtstags Richard Wagners im Jahr 2013 (linke Seite; s.a. S.129).

Fakten & Informationen

Festspielkarten gibt es auch online, ihr Preis beträgt zwischen 5 und 416 Euro. 58 000 Karten sind zu haben – bei rund 400 000 Anfragen.
Genaue Anfrage- und Festspieltermine und die Bestelladresse unter www.bayreuther-festspiele.de

Maßstab 1:300.000
COBURG
BAMBERG
BAYREUTH
KULMBACH
SONNEBERG
Kronach
Lichtenfels
Bad Staffelstein
Burgkunstadt
Naturpark Frankenwald
Frankenwald
Naturpark
Fränkische Schweiz
Neustadt bei Coburg
Rodental
Ebern
Bad Rodach
Scheßlitz
Hallstadt
Memmelsdorf
Helmbrechts
Münchberg
Naila
Selbitz
Schwarzenbach
Stadtsteinach
Thurnau
Mainleus
Weismain
Hollfeld
Weidenberg
Michelau
Redwitz
Mitwitz
Stockheim
Wallenfels
Schauenstein
Marktleugast
Himmelkron
Bad Berneck
Gefrees
Bischofsgrün
Ochsenkopf
Weitramsdorf
Ahorn
Sonnefeld
Ebersdorf bei Coburg
Marktgraitz
Marktzeuln
Küps
Ludwigschorgast
Wirsberg
Neuenmarkt
Untersteinach
Kasendorf
Heinersreuth
Bindlach
Speichersdorf

WELTERBE AUF GROSSER BÜHNE

Der Dom mit dem einzigen Papstgrab nördlich der Alpen, ein über der Regnitz schwebendes Fachwerkhaus oder Klein-Venedig stehen auf der Bamberger Seite. Wagner, Wagner und nochmals Wagner machten Bayreuth weltweit bekannt. Während Coburg und seine Veste mit dreifacher Ringmauer in Oberfrankens hohem Norden ein wenig im Schatten blüht – aber es wäre schade, es dort zu vergessen.

1 Bamberg

Die Bischofs- und Universitätsstadt (75 000 Einw.) hat den Zweiten Weltkrieg fast schadlos überstanden und präsentiert sich wie vor Hunderten von Jahren. Das Bistum (ab 1007), die Abteien und Stifte waren Basis der Blüte bis 1803, als das Fürstbistum aufgehoben wurde.

SEHENSWERT

Der erste **Dom** wurde 1012 geweiht (heutiger Bau bis 1237). Über den Bamberger Reiter (um 1235) im Kaiserdom gibt es nur Vermutungen. Das Kaisergrab von Heinrich II., um 1500 von Tilman Riemenschneider geschaffen, und das Grab von Papst Clemens II. (1005–1047), vormals Bamberger Bischof, gehören wie der Altar von Veit Stoß (1523) zu den Höhepunkten. Neben dem Dom stehen die **Alte Hofhaltung** aus der Renaissance (Urspr. 11. Jh., 15./16. Jh.), das **Kapitelhaus** und die prachtvolle **Neue Residenz** (16./17. Jh.) mit ihrem Rosengarten. Von den weiteren Kirchen rund um den Dom ist die mächtige gotische **Obere Pfarrkirche** von 1323 hervorzuheben. Das **Böttingerhaus** (bis 1713) ums Eck gehört zu den schönsten bürgerlichen Barockwerken, das Wasserschloss **Concordia** (bis 1722) am Regnitzufer zu den verspieltesten Gebäuden der Stadt. Im **Karmelitenkloster** aus dem 12. Jh. wirken seit 1589 die Karmeliten. Und am Michaelsberg liegt das im 18. Jh. barockisierte ehem. **Benediktinerkloster St. Michael** mit den Gräbern der Bamberger Bischöfe. Dort wurde schon vor 900 Jahren Bier gebraut. Bischof Otto I. hatte der Stadt das Braurecht verliehen – und die Bamberger verehrten ihn dafür als Heiligen. Von den Terrassen blickt man zum Dom und auf die Altstadt an der Regnitz.
Unten, am linken Regnitzarm, liegt **Klein-Venedig**, eine ehem. Fischersiedlung mit Fachwerkhäuschen und Vorgärtchen direkt am Fluss. Glanzpunkt der Inselstadt ist das **Alte Rathaus** TOPZIEL (15. und 18. Jh.) auf der Regnitz-Insel, Bambergs schönster Profanbau: Ein kleiner Fachwerkanbau, das Rottmeisterhäuschen, scheint über dem Fluss zu schweben. Dahinter erhebt sich **Schloss Geyerswörth,** das frühere bischöfliche Stadtschloss aus dem 16. Jh. Wer auf den Turm steigt, hat einen prächtigen Blick über Altstadt, Dom und Rathaus.

> Tipp
>
> ### Wie in Los Angeles
>
> Sowohl in Bamberg als auch in Bayreuth gibt es Bundesliga-Basketball. Die Bamberger Brose Baskets klopfen immer wieder an der Tabellenspitze an, zuletzt wurden sie 2017 zum neunten Mal Deutscher Meister und regelmäßig qualifizieren sie sich für die Euroleague. So locken sie auch die internationale Elite in die 7000 Zuschauer fassende Brose Arena. Medi Bayreuth muss im Mittelfeld zwar kleinere Brötchen backen, Spitzenbasketball wird aber auch in der Oberfrankenhalle den maximal 4000 zahlenden Zuschauern geboten.
>
> **Informationen**
> www.brosebamberg.de, www.medi-bayreuth.de

MUSEEN

In der Neuen Residenz ist die **Staatsgalerie** mit Kaisersaal untergebracht (Domplatz 8, www.schloesser.bayern.de; April–Sept. tgl. 9.00–18.00, sonst tgl. 10.00–16.00 Uhr). In der Alten Hofhaltung ist das **Historische Museum** zu Hause (Domplatz 7, https://museum.bamberg.de; April–Okt. Di.–So. und Fei. 10.00 bis 17.00 Uhr). Nebenan ist im **Diözesanmuseum** der Bamberger Domschatz zu sehen (Domplatz 5, https://dioezesanmuseum-bamberg.de; Di.–So. 10.00–17.00 Uhr). 1808 kam er nach Bamberg, um als Musikdirektor am Theater zu arbeiten: der Dichter **E.T.A. Hoffmann** (1776–1822), dessen nur zwei Fenster breites Wohnhaus zu besichtigen ist (Schillerplatz 26, https://etahg.de; Mai–Okt. Di.–So. 13.00–17.00 Uhr). Im Vogelsaal des **Naturkundemuseums** kommen Naturkundler auf ihre Kosten (Fleischstraße 2, www.naturkundemuseum-bamberg.de, April–Sept. 9.00 bis 17.00, sonst 10.00 bis 16.00 Uhr). In den Kreuzgewölben auf dem Michaelsberg findet man das **Fränkische Brauereimuseum** und erlebt den Werdegang des Bieres vom Halm zum Krug (Michelsberg 10 f, www.brauereimuseum.de; April–Okt. Mi.–Fr. 13.00–17.00, Sa. und So. 11.00–17.00 Uhr).

Im Fränkischen Brauereimuseum zu Bamberg

AKTIVITÄTEN

In 90 Minuten erfährt man auf dem **E.T.A.-Hoffmann-Weg** Spannendes über den Dichter (Download der Wegbeschreibung: www.bamberg.info, Suchbegriff „E.T.A.-Hoffmann-Weg"). Ab Anf. Dez. ist Bamberg eine der besten Adressen für **Krippenwege** in Deutschland.

VERANSTALTUNG

Das Kirchweihfest **Sandkerwa** im Aug. bietet auch das beliebte Fischerstechen.

HOTELS UND RESTAURANT

Im € € € **Residenzschloss** logiert man am Ufer der Regnitz (Untere Sandstraße 32, 96049

Bamberg, Tel. 0951 6 09 10, www.welcome-hotels.com). Wie ein Schiff liegt das **€ € Nepomuk** mitten in der Regnitz (Obere Mühlbrücke 9, 96049 Bamberg, Tel. 0951 9 84 20, www.hotel-nepomuk.de).
Das **€ € Schlenkerla** ist seit 600 Jahren für Deftiges und sein Rauchbier bekannt (Dominikanerstraße 6, Tel. 0951 5 60 60, www.schlenkerla.de).

UMGEBUNG

In **Memmelsdorf** (nordöstl.) liegt **Schloss Seehof,** ab 1686 barocke Sommerresidenz der Bamberger Fürstbischöfe. Neun Prunkzimmer können besucht werden (Tel. 0951 40 95 71; April–Okt. Di.–So. 9.00–18.00 Uhr). Eindrucksvoll sind auch die Wasserspiele (Mai-Okt. 10.00 bis 17.00 Uhr zur vollen Stunde).
In **Fensdorf** (südl.) informiert das Bauernmuseum über Volkskultur und Heimatpflege (www.bauernmuseum-frensdorf.de, Di.–Fr. 14.00–17.00, So. 13.00–17.00 Uhr).

INFORMATION

Tourismus & Kongress Servis, Geyerswörthstraße 5, 96047 Bamberg, Tel. 0951 297 62 00, www.bamberg.info

Tipp

Kloster und Spaß

Laubwald kennzeichnet den Steigerwald, der sich zwischen Würzburg und Bamberg ausbreitet. Auf der Steigerwald-Höhenstraße unterwegs, kommt man am barocken Kloster Ebrach, am Freizeit- und Erlebnispark Geiselwind und Schlüsselfeld mit seinem mittelalterlichen Ortskern vorbei. In Handthal ist das Steigerwald Zentrum zu finden, in dem es um Nachhaltigkeit geht (https://steigerwald-zentrum.de). Bei Ebrach ist für alle Freunde des Weitblicks der Baumwipfelpfad Steigerwald zu finden (www.baumwipfelpfadsteigerwald.de). Und am Südrand des Waldgebiets liegt Bad Windsheim mit dem Fränkischen Freilandmuseum, das mit seinen Baugruppen und Vorführungen die Vergangenheit Mittelfrankens spiegelt.

Fränkisches Freilandmuseum
(außerhalb der Detailkarte, siehe S. 62 und 74), Eisweiherweg 1, www.freilandmuseum.de; Mai–Sept. Di.–Sa. 10.30 bis 16.00, So. und Fei. 10.00–16.30 Uhr

2 Bayreuth

Der Hauptort Oberfrankens (75 000 Einw.; Stadtrecht 1231) ist weltbekannt durch Richard Wagner (1813–1883), präsent auf Schritt und Tritt. Große Künstler wie Franz Liszt und Jean Paul hinterließen nur zarte Spuren. Von hier aus bauten die hohenzollernschen Burggrafen von Nürnberg ihre Macht bis nach Preußen aus. Von 1603 bis 1792 war Bayreuth Residenz.

SEHENSWERT

Das **Festspielhaus** am Grünen Hügel, etwa 2 km vom Zentrum entfernt, gehört zu den größten Opernhäusern der Welt; ab 1872 wurde es nur für Richard Wagner und seine Kunst erbaut und 1876 mit „Rheingold" eröffnet. Nach fünf Jahren Restaurierung wurde das Welterbe **Markgräfliches Opernhaus** 2018 mit der Oper „Artaserse" wiedereröffnet – diese wurde auch 1748 zur Eröffnung aufgeführt. Die älteste genutzte **Synagoge** in Deutschland von 1760 wurde in der Reichspogromnacht 1938 verschont, weil sie Wand an Wand zum Markgräflichen Opernhaus steht.
In der Fußgängerzone Maximilianstraße, die plätschernd von einem Zierbächlein begleitet wird, liegt das **Alte Schloss** (16. Jh.), einst Sitz der Markgrafen, heute Heimat fürs Finanzamt. In der Nähe finden sich neben der gotischen Stadtkirche (14. und 15. Jh.) Jean Pauls Wohn- und Sterbehaus sowie Richard Wagners erstes Domizil in Bayreuth. Versetzt dahinter begegnen sich das repräsentative **Neue Schloss** (ab 1753; Ludwigstraße 21, www.schloesser.bayern.de; April–Sept. tgl. 9.00–18.00, sonst tgl. 10.00–16.00 Uhr) und das Regierungsgebäude von Oberfranken. Dazwischen steht der **Markgrafenbrunnen**, der seit 1705 Christian Ernst als Herrn aller Kontinente darstellt.

MUSEEN

Haus Wahnfried, das Wohnhaus der Familie Wagner, ist seit das 1976 Richard-Wagner-Museum (Wahnfriedstraße 2, Tel. 0921 7 57 28 16, www.wagnermuseum.de; Di.–So. 10.00–17.00 Uhr). Das **Franz-Liszt-Museum** gleich nebenan skizziert Leben (1811–1886) und Werk des Klaviervirtuosen und Komponisten (Tel. 0921 516 64 88; Di.–So. 10.00–12.00, 14.00–17.00 Uhr).
Maisel's Bier-Erlebnis-Welt ist ein Museum zum Anfassen: Maschinen- und Sudhaus, Büttnerei oder Fassmacherei funktionieren wie früher (Andreas-Maisel-Weg 1, Tel. 0921 40 12 34, www.biererlebniswelt.de; tgl. 11.00–18.00).

AKTIVITÄTEN

Eine Broschüre zum **Walk of Wagner** hält die Tourist-Information bereit (siehe auch S. 101). Die **Katakombentour** durch das 400 Jahre alte Bierkellerlabyrinth dauert 90 Min. (https://bayreuther-bier.de; tgl. 16.00, Fr. und Sa. auch 14.00 Uhr).
Entspannen und die Seele baumeln lassen heißt es in der **Lohengrin Therme** (http://www.lohengrin-therme.de).

In Bayreuths Neuem Schloss sind prunkvolle-Gemächer und Keramiken zu sehen.

VERANSTALTUNGEN

Richard-Wagner-Festspiele siehe S. 101.
Das **Afrika-Festival** im Juli ist ein Straßenfest in der Innenstadt mit afrikanischen und karibischen Klängen und Speisen sowie einem Basar. Das Motto: „Wakadjo – lass' uns tanzen!"

HOTELS UND RESTAURANT

Angela Merkel steigt traditionell im Vier-Sterne-Hotel **€ € € Stein** ab (Seulbitzer Straße 79, 95448 Bayreuth, Tel. 0921 90 01, www.waldhotel-stein.de). Das **€ € Hotel Residenzschloss** bietet eine Sonnenterrasse und einen Wellness- und Fitnessbereich (Erlanger Straße 37, 95444 Bayreuth Tel. 0921 75 85 0, www.h.hotels.com). Wagners Lieblingswirtschaft war die **€ € € Eule** (Kirchgasse 8, Tel. 0921 95 80 27 95, www.eule-bayreuth.de).

UMGEBUNG

Östl. außerhalb des Zentrums lohnt die verspielte **Eremitage,** einst ein Refugium höfischen Lebens, heute ein Park für alle (Eremitage 4, Tel. 0921 759 69 37, www.schloesser.bayern.de; April–Sept. tgl. 9.00–18.00, bis Mitte Okt. tgl. 10.00–16.00 Uhr). Man entspannt bei Wasserspielen (Mai–Okt. tgl. 10.00–18.00 Uhr zur vollen Stunde).
Markgräfin Wilhelmines **Sanspareil** (20 km westl.) vereint natürliche Felsen, die mittelalterliche Burg Zwernitz und Gärten in einem Ensemble, das unter Denkmalschutz steht (Wonsees, Tel. 09274 80 89 09 11, www.schloesser.bayern.de; April–Sept. 9.00 bis 18.00, 1.–15. Okt. 10.00–16.00 Uhr, Park ganzjährig geöffnet).

INFORMATION

Tourist-Information, Opernstraße 22, 95444 Bayreuth, Tel. 0921 8 85 88, www.bayreuth-tourismus.de

③ Coburg

Die Veste, die über Coburg thront, gehört zu den größten Burganlagen Deutschlands. Neugotik und Jugendstil hinterließen eindrucksvolle Bauten am jahrhundertelangen Sitz der Herzöge von Sachsen-Coburg (40 000 Einw.).

SEHENSWERT

Auf dem **Marktplatz** steht das Denkmal für Prinz Albert (1865), das seine Gattin, die britische Königin Victoria, der Stadt schenkte. Blickfang über allem ist aber die **Veste** **TOPZIEL** (Urspr. 13. Jh.) mit drei Ringmauern (17. Jh.), drei großen Türmen, zwei Höfen und vier Basteien. Dagegen sehen die drei weiteren Herzogschlösser deutlich kleiner aus: die **Ehrenburg** (16. und 17. Jh.), die zusammen mit dem Landestheater den Schlossplatz im Zentrum dominiert; **Schloss Callenberg,** das neugotische Jagd- und Sommeranwesen in Beiersdorf; und **Schloss Rosenau** (15. Jh.) am Stadtrand, 1819 Geburtsort von Prinz Albert.

MUSEUM

Das **Naturkunde-Museum** bietet einen Rundumblick in die belebte und unbelebte Umgebung (Park 6, 09561 80 81 0, www.naturkunde-museum-coburg.de; tgl. 9.00–17.00 Uhr)

VERANSTALTUNGEN

3000 Tänzerinnen und Tänzer in farbenprächtigen Kostümen und fantasievolle Shows, begleitet von rund 100 Gruppen mit Musikern und Trommlern aus der ganzen Welt fährt das **Samba-Festival** im Juli auf (www.samba-festival.de). **Vogelschießen** nennt sich das Volksfest ab dem letzten Juli-Wochenende.

HOTEL UND RESTAURANT

Die **€ € € Villa Victoria** ist ein charmantes Biedermeier-Haus (Ketschendorfer Straße 2, 96450 Coburg, Tel. 09561 795 37 90, www.hotel-villa-victoria.de).
Traditionelle Gerichte gibt es im ältesten Gasthaus der Stadt, dem **€ € € Goldenen Kreuz** (Herrngasse 1, Tel.09561 51 34 07, www.goldenes-kreuz-coburg.de).

UMGEBUNG

Seit dem 15. Jh. streben Wallfahrer nach **Vierzehnheiligen**, um den Schutz der in Bayern sehr geschätzten Vierzehn Nothelfer zu erlangen. Ihnen zu Ehren entstand bei Bad Staffelstein bis 1772 eines der genialsten Bauwerke von Balthasar Neumann, die Basilika Vierzehnheiligen. Das im 11. Jh. gegründete **Kloster Banz** (um 1700) auf der anderen Mainseite steht dem kaum nach.
8 km nordöstl. liegt **Lichtenfels,** mit Korbmarkt und Deutschlands einziger Schule für Korbflechterei als „Deutsche Korbstadt" bekannt. Das Stadtmuseum vermittelt Wissenswertes u. a. über den Korbhandel (www.lichtenfels.de).

INFORMATION

Tourismus-Information, Herrngasse 4, 96450 Coburg, Tel. 09561 89 80 00, www.coburg-tourist.de

JA NATÜR LICH

EIN SCHWEIGEN, DAS ERZÄHLT

Auf dem preisgekrönten Steigerwald-Panoramaweg, der sich über 161 Kilometer und neun Etappen erstreckt, kommen alle auf ihre Kosten. Der gesamte Weg von Bamberg bis Bad Windsheim ist einheitlich und übersichtlich beschildert. Die Anfangs- oder Schlussetappe, je nach Sichtweise, führt von Bamberg auf 23 Kilometern nach Eltmann.

Beim Wandern wird der Kopf frei. Die Augen machen Urlaub, die Nase Wellness. Und der Mund hat auch mal Ruhe. Aus stundenlangem Wandern wird ja häufig stundenlanges Schweigen. Ein Schweigen, das so vieles erzählt, weil man nur so die kleinen Geheimnisse in Wald und Wiese erkennt: dort einen Hasen, in der Ferne ein Reh, ein zierliches Blatt, auf dem sich ein Falter niedergelassen hat, die Ameisenstraße, auf der es so emsig zugeht. Man findet schmackhafte Beeren als Zwischendurchsnack und zur rechten Zeit eine Lichtung, die perfekt für die Brotzeit passt.

Wer sein Gepäck nicht selbst schleppen will, kann geduldige Helfer auf die Wanderung mitnehmen.

Ab Bamberg geht es zunächst hoch über dem Maintal mit immer neuen Fernsichten entlang, ehe durch einsame Wälder und Wiesen marschiert wird. Bei Priesendorf wartet eine kleine Grenze: Die Gemeinde liegt am Flüsschen Aurach, der die Grenze zwischen Ober- und Unterfranken markiert. Das Ziel der Etappe, die Stadt Eltmann, bietet Wohlverdientes an: von der Brotzeit-Wirtschaft bis zum Speiserestaurant, in denen fränkische Spezialitäten auf den Tisch kommen. Eltmann liegt zudem am Übergang von Bier- zu Weinfranken, sodass man das Beste aus Brauhaus und Winzerkeller wählen kann. Zweimal pro Stunde geht ein Bus zurück nach Bamberg.

Der **Steigerwald-Panoramaweg** (www.steigerwald-info.de/wandern/steigerwald-panoramaweg) wurde vom Deutschen Wanderverband ausgezeichnet. Wandertafeln geben Auskunft über das Gebiet, Aussichten, Sehenswürdigkeiten und Ortschaften.

BAD STEBEN
SPIELBANK BAD STEBEN

Oberfranken

*

EINMAL BAYERN GANZ OBEN

*

„Diesseits des Meeres finde ich wohl nie so einen Ort wieder.“ Das sagte Alexander von Humboldt, der in Sachen Natur Weltreisende, nicht von seiner Heimatstadt Berlin oder von Paris, sondern von Bad Steben in Oberfranken. Was zeigt, dass es sich lohnen kann, den letzten Zipfel Frankens zu besuchen. Eine Visite zwischen Frankenwald und Fichtelgebirge.

Bad Stebens Therme in der „Langen Nacht der Sinne“

Mit etwas Wetterglück reicht der Blick vom Ochsenkopf weit nach Westen (oben). Einst harter Broterwerb, heute touristisches Vergnügen: Floßfahrt auf der Rodach östlich von Kronach bei Wallenfels (unten links). Luisenburg nennt sich das Felsenlabyrinth westlich von Marktredwitz bei Bad Alexandersbad (unten rechts).

Der Naturpark Frankenwald ist dank seiner Ruhe ein echtes Wanderparadies.

Gähn, zitter, stöhn, seufz – wer Entenhausen kennt, wo Donald Duck zu Hause ist, hört solcherlei Töne gerne. Erfunden hat sie die kongeniale Übersetzerin Erika Fuchs, weshalb man in Fachkreisen auch vom „Erikativ" spricht. Sie verlegte die fiktive Entenwelt von Carl Barks für die deutschen Ausgaben teils in ihre oberfränkische Heimat rund um Schwarzenbach an der Saale bei Hof. Also betreibt Dagobert Duck einen Skilift auf dem Ochsenkopf, wo sich gute Taler machen lassen. Und Ortsnamen, die wie ausgedacht klingen wie Kleinschloppen, Schnarchenreuth oder Schnabelwaid, fand Frau Dr. Fuchs in der Nachbarschaft. Weshalb es seit 2015 nun ein Museum über sie gibt.

Der Hofer Wärschtlamo erinnert sich gern, aber: „Die Jugend liest den ja nicht mehr", sagt einer der letzten verbliebenen sechs Würstchenmänner. „Ich habe die Geschichten noch unter der Bettdecke mit der Taschenlampe gelesen", sagt der mit dem typischen tragbaren Wärschtlakasten, Senftube und Henkelkorb für die Bredla ausgestattete Mann und reicht die dampfende Leckerei. Diese Tradition reicht bis 1871 zurück, als der erste Wärschtlamo Johann Georg Jahn seine Runden drehte. Ein Pfiff – der nächste Kunde kann kommen ...

EIN BISSCHEN VERRATZT

Knapp hundert Jahre zuvor war ein junger Mann im von Hof gar nicht weit entfernten Bad Steben angekommen. Man schrieb das Jahr 1792. Alexander von Humboldt, 23 Jahre jung und frisch gebackener Bergbauingenieur, sollte im Auftrag der preußischen Regierung das Bergbaurevier Frankenwald und Fichtelgebirge auf Vordermann bringen. „Das tat er auch", sagt Manfred Teichmann vom Schieferbergwerk „Lotharheil". „Gründer Lothar Faber baute hier schon seit 1710 Schiefer ab. Und sein Sohn hat Humboldt noch erlebt. Er erfand eine Grubenlampe, ein Beatmungsgerät und gründete eine Berufsschule für Bergmänner." Humboldt verließ Bad Steben als gefragter Wissenschaftler. Dass er eines Tages einer der wichtigsten Naturwissenschaftler und Mitgründer der Geografie als Wissenschaft werden würde, daran dachte damals freilich niemand. „Man muss den Stein fühlen und hören", sagt Teichmann, dessen Zehn-Mann-Betrieb in einem tief eingeschnittenen Tal liegt. Dort wird noch von Hand mit zwei Dutzend verschiedenen Hämmerchen, Meißeln und Haubrücke gearbeitet, um nach Maß passende Schieferplatten für Küche und Bad zu erstellen.

Bier, so hört man immer wieder, ist der kleinste gemeinsame Nenner in Oberfranken. Den Leuten ist zuweilen gar nicht so einfach beizukommen. Und je abgelegener, um so schwieriger wird es. Bei einem Seidla allerdings wird der Fremde schnell zum Kumpel. Das erste „Is' mir doch wurscht", kann nämlich heißen: „Eigentlich traue ich mich nur nicht zu sagen, was ich möchte." Ein Oberfranke will erst ein wenig erobert sein, ehe seine Schutzhülle fällt. Schickimickis haben dabei wenig Chancen, ein bisschen verratzt und nicht so perfekt sein, ist schon besser. „Er war zu jedem äußerst freundlich", sagt Britta Weschenfelder vom Kulmbacher „Patchwork", als der berühmteste Sohn der Stadt, Thomas Gottschalk, bei ihr in der Bar auftauchte. „Er war überhaupt nicht abgehoben. Das hat uns allen gut gefallen." Hauptsache man ist eben ehrlich, wie auch Manfred Teichmann: „Offizielle Führungen mache ich keine. Aber zufällig vorbeikommenden Radlern zeige ich gerne alles. Es könnten ja Kunden daraus werden ..."

WIRTSCHAFTLICH WACKELIG

Marketing auf Oberfränkisch gab es schon nachweisbar in der Renaissance, und einer der Ersten des Fachs ist aus-

Der Festungsbau Rosenberg überragt Kronach (oben), das am Melchior-Otto-Platz 1654 für den Bamberger Bischof diese Ehrensäule errichtete (Mitte links). Der Luitpoldbrunnen auf dem Kulmbacher Marktplatz wurde 1899 zu Ehren des Prinzregenten Luitpold eingeweiht (Mitte rechts).

In Kronachs Amtsgerichtsstraße ist der „s'Antla Brauereigasthof" zu finden

Auf der Festung Rosenberg erinnert Kronach an seinen großen Sohn Lukas Cranach

In der Bibliothek des Klosters Waldsassen stützen von Karl Stilp meisterhaft gearbeitete Schnitzfiguren die Empore. Sie symbolisieren die verschiedenen Arten des Hochmuts.

schließlich als Künstler bekannt: Lucas Cranach der Ältere, der sich nach seiner Geburtsstadt Kronach benannte. Zu seiner Zeit war Cranach der Clevere mehr Geschäftsmann und stand sicher auch deshalb im Schatten von Albrecht Dürer. „Er war einer der ersten Maler-Unternehmer", sagt Kerstin Löw, Leiterin der Touristeninformation der Stadt Kronach. Erst ab 1505, als er Hofmaler am kursächsischen Hof wurde, widmete er sich ausschließlich der Kunst.

Lies, hör, staun, lach – auch in Oberfranken wird eben Weltgeschichte geschrieben. Oder wurde ... Denn die Welt war hier für knapp 44 Jahre sehr weit weg.

Drei Meter hoch, kalt, bestens gesichert: Die Mauer von Mödlareuth verlief direkt durchs Dorf. Und in diesem „Little Berlin" spürt man noch heute, was der Kalte Krieg für den letzten Zipfel Frankens bedeutete: Isolierung, weil abgeschnitten von funktionierenden Handels- und Verkehrsströmen. Nach der Teilung Europas versuchte der Staat, diese wirtschaftsgeografisch prekäre Randlage mit Beihilfen auszugleichen. Es half – aber nur ein bisschen.

AUS FÜRS WEISSE GOLD

Nach 1990 wurde die Grenzlandförderung eingestellt, doch dann kam die Konkurrenz aus Tschechien nebst billiger Arbeitskraft, und Firmen wanderten ungeniert dahin ab, wo es andere Fördergelder gab. Beispiel Porzellanwirtschaft: „Rosenthal" und „Hutschenreuther" verhalfen der Region des Weißen Goldes einst zu Wohlstand, sorgten dank ihrer einfallsreich gestalteten und weltweit geschätzten Produkte sogar für einen Hauch internationalen Flairs, bieten aber jetzt – nunmehr in italienischen Händen – kaum noch Arbeitsplätze. Bis 1990 kamen noch neun Zehntel des deutschen Porzellans aus Selb oder Arzberg. Heute sind die Fabriken ein Schatten ihrer selbst. Irgendwie lebt man weiter an der Grenze, allerdings inzwischen ohne Grenzlandförderung.

Bayerische Staatsbäder in Franken

RADON MIT BLING-BLING

Von Frankens 18 Heilbädern sind vier Bayerische Staatsbäder. Bad Kissingen, Bad Bocklet, Bad Brückenau und Bad Steben haben die Vision: Historisches erhalten, Zeitgemäßes entwickeln. Dass das zum Spagat werden kann, zeigt Bad Steben.

Auch Bad Kissingen ist ein Bayerisches Staatsbad. An der Westseite des dortigen Kurgartens errichtete Friedrich von Gärtner, dem Klassizismus verpflichtet, den Arkadenbau.

Im Jahr 1832 stirbt Goethe in Weimar. Demokraten und Nationale feiern das Hambacher Fest, und in New York nimmt die erste Straßenbahn der Welt, von Pferden gezogen, ihren Betrieb auf. 1832 ist auch das Jahr, in dem das Königreich Bayern der Gemeinde Steben den Titel Bayerisches Staatsbad verleiht. Eine Auszeichnung mit der Aufgabe, Menschen zu helfen, sie mit Hilfe der Natur zu heilen. Sechs Jahre später eröffnet das erste Badehaus nach Entwürfen des bayerischen Hofbaumeisters Leo von Klenze. Er wusste, was der Mensch braucht: viel Raum, viel Licht, viel Luft. Vieles andere aus den 1830er-Jahren wirkt dagegen im 21. Jahrhundert wie Ballast, der – neudeutsch formuliert – auf die Ergebnisse drückt.

Bad Steben hat 1700 Betten für 40 000 Übernachtungsgäste, 1000 davon stehen aber in Krankenhäusern. Das Konzept Staatsbad war nie darauf ausgelegt, zumindest eine schwarze Null zu schreiben, und die Aufwendungen für die allgemeinen Kur-Infrastrukturleistungen können mit der Kurtaxe längst nicht gedeckt werden.

Und wo man wahrscheinlich Geld verdienen könnte, gibt es andere Barrieren: „Ich soll Profit machen, darf aber nicht werben. Das ist schwierig", klagt Udo Braunersreuther, Direktor der ortsansässigen ultramodernen Spielbank. „Bis auf die letzten Jahre sind zwar Milliardengewinne von den neun bayerischen Spielbanken an den Freistaat abgeführt worden, aber die Finanzkrise, die Konkurrenz im Internet und das Rauchverbot sorgten für ein Drittel Einbußen und Verluste." Die wellenförmige Architektur des Casinos soll das Auf und Ab des Glücks symbolisieren, doch es scheint, dass das Ab die Oberhand behält: Obwohl in all den Bad Stebener Jahren erst ein Gast sechsstellig gewonnen hat, macht das Casino bei 30 000 Besuchern zwar 2,3 Millionen Umsatz pro Jahr, aber eben keine Gewinne.

VON KUR ZU WELLNESS

Ottmar Lang sieht die Situation dennoch entspannt. Er hat die Aufgabe bekommen, Bad Steben von einem

Die Bad Kissinger Wandel- und Brunnenhalle entstammt noch königlich-bayerischen Zeiten und wurde 1911 unter großer gesellschaftlicher Anteilnahme eröffnet.

Blick aus Bad Bernecks Kolonnaden in den Kurpark (oben). Die Säulenwandelhalle von Bad Steben (unten)

klassischen Kurort zu einem Erholungsort zu machen, Historisches zu erhalten und Zeitgemäßes zu entwickeln – was so einfach klingt. Der Kurdirektor und Geschäftsführer der Bayerischen Staatsbad Bad Steben GmbH gibt sich optimistisch: „Wir haben alles hier! Moderne Anlagen und eine intakte Natur drumherum – das ist der Reiz von Bayerns höchstgelegenem Staatsbad." Genau 578 Meter hoch liegt dieses Bad Steben, das wie die anderen Staatsbäder von einem historisch gewachsenen staatlichen Kurbad mit all seinen Pflichten, den Gebäuden, den Kulturveranstaltungen, den Orchestern und Theatern zu einem profitablen Unternehmen entschlackt werden soll.

Das Kapital Bad Stebens sind die Heilwasserquellen mit Radon und Kohlensäure und das Naturmoor, eine in Westeuropa einmalige Kombination. Darauf aufbauend, eröffnete man nach der Wandlung des Staatsbads zur GmbH die Spielbank, die Thermen und zum 175. Geburtstag des Staatsbads die Erweiterung der Thermen mit Wellnesszentrum und -Dome. Schon die Bezeichnungen – Wellness statt Kur und Dome statt Badehaus – schreien förmlich: Hallo, wir sind in den 2020er-Jahren angelangt! Es gibt Erdbeer-Wellness oder Vinotherapie. Und bei Hot Stone auf Fränkisch wird erwärmter nachhaltiger Frankenwald-Schiefer auf die Energiepunkte des Körpers platziert. „Die Welt lernte Lesen und Schreiben auf Schiefertafeln", sagt Ottmar Lang. „Heute verwöhnen wir die Gäste mit unserem ölig-feinkörnigen Gestein."

TRADITION VERSUS MODERNE

Ein bisschen modernes Bling-Bling gehört eben zum Geschäft. Im Wellness-Dome ist das wörtlich zu nehmen: Stündliche Light-Shows, Farbspiele in der Schiefer-Dampfgrotte oder die Sand-Loggia mit Meeres-Feeling lassen die Kurbad-Aura Vergangenheit sein. Die Zeiten sind vorbei, wo mit dem nicht geschützten Begriff Wellness allerlei Etikettenschwindel betrieben wurde. Nichts davon trifft auf Bad Steben zu: Alle Einrichtungen und Angebote haben hohes Niveau.

Dies gilt freilich auch für Bad Kissingen, das gleichwohl andere Ansätze verfolgt. So setzt man hier auf das eher konservativ ausgerichtete Bündnis Great Spas of Europe, das unter Federführung der tschechischen Traditionsbäder Karlsbad und Marienbad den Eintrag in die Weltkulturerbeliste anstrebt.

Fakten & Informationen

Staatsbad & Touristik Bad Bocklet GmbH,
Kurhausstraße 2, 97708 Bad Bocklet, Tel. 09708 70 70 30, https://badbocklet.de

Staatliche Kurverwaltung Bad Brückenau,
Gäste-Information, Heinrich-von-Bibra-Straße 25, 97769 Bad Brückenau, Tel. 09741 80 20, www.badbrueckenau.com

Bayerisches Staatsbad Bad Kissingen GmbH,
Im Luitpoldpark 1, 97688 Bad Kissingen, Tel. 0971 80 48 444, www.badkissingen.de

Bayerisches Staatsbad Bad Steben GmbH,
Badstraße 31, 95138 Bad Steben, Tel. 09288 74 70, www.bad-steben.de

In der vom Architekten Meinhard von Gerkan entworfenen und 2001 eröffneten Spielbank von Bad Steben wird Fortuna herausgefordert.

Maßstab 1:300 000
0
3
6km
PLAUEN
Oelsnitz
HOF
Rehau
Selb
Aš
Bad Elster
Adorf
Naila
Helmbrechts
Münchberg
Schwarzenbach
Wunsiedel
Marktredwitz
Waldsassen
Kronach
KULMBACH
Burgkunstadt
Thurnau
Bad Berneck
Gefrees
Weißenstadt
Arzberg
Fichtelberg
Lobenstein
Bad Steben
Wallenfels
Stockheim
Frankenwald
Naturpark
Fichtelgebirge
Obere Saale
Schneeberg
Ochsenkopf
Großer Waldstein

BERGBAU, BIER UND BÄDER

Die Münchbergsenke bildet die natürliche Grenze zwischen den Mittelgebirgen Frankenwald im Westen und Fichtelgebirge im Osten. In ihr verläuft die Autobahn 9, die Bayreuth vom Süden her mit Hof verbindet. Trotz der guten Verkehrslage tun sich viele Orte wirtschaftlich schwer – vor allem im Fichtelgebirge. Nach Jahrzehnten in Randlage musste man sich anschließend der Konkurrenz aus dem Osten stellen.

1 Kulmbach

Die Stadt am Rand des Frankenwalds (26 000 Einw.) nennt sich selbstbewusst Welthauptstadt des Bieres. Nicht nur wegen der Großbrauereien im Ort, auch fast jedes Dorf in der Gegend braut sein eigenes Bier. Ab 1340 gehörte Kulmbach den Hohenzollern und kam damit 1791 an Preußen.

SEHENSWERT

Von der 116 m über Kulmbach thronenden **Plassenburg** **TOPZIEL** (16. Jh., Urspr. früher) hat man einen wunderbaren Blick. Sie war der Sitz der Markgrafen, ehe diese nach Bayreuth umzogen. Der „Schöne Hof" zählt zu den besterhaltenen Renaissancehöfen, die Anlage zu den größten Festungsbauten der Renaissance in Deutschland. Ein Spaziergang von Fachwerk zu Fachwerk und von Brunnen zu Brunnen, durch Renaissance und Barock, führt vom **Holzmarkt** über die Langgasse zum **Marktplatz.**

MUSEUM

Das **Bayerische Brauereimuseum** gehört zu den wichtigen dt. Ausstellungen zur Biergeschichte (Kulmbacher Mönchshof, https://kulmbacher-moenchshof.de/bayerisches-brauereimuseum-kulmbach). Auf der Burg hat das **Zinnfigurenmuseum** seine Heimat, über 300 000 Figuren beleben hier 150 Dioramen (www.plassenburg.de; April–Okt. tgl. 9.00 bis 18.00, sonst tgl. 10.00–16.00 Uhr).

VERANSTALTUNG

Die **Kulmbacher Bierwoche** Ende Juli/Anf. Aug. bedeutet neun Tage Ausnahmezustand.

HOTELS UND RESTAURANTS

Im Landhausstil präsentiert sich das **€ € Hotel Dobrachtal** (Höferänger 10, 95326 Kulmbach, Tel. 09221 94 20, www.hotel-dobrachtal.de). Im **€ € Gasthof Zum Seelöwen** steht Bio auf der Karte (Grünwehr 32, Tel. 09221 8 42 00, www.zum-seeloewen.de). In der **Patchwork Food & Bar** gibt es auch veganes Essen – und manchmal Thomas Gottschalk als Gast (Grabenstraße 9, Tel. 0152 53 97 22 69, www.patchwork-kulmbach.de).

Portal der Festung Rosenberg in Kronach (links); Landschaft am Ochsenkopf (rechts oben); der „Schöne Hof"auf der Kulmbacher Plassenburg (rechts unten)

UMGEBUNG

Schaudichum heißt der 8 m hohe Aussichtsturm auf dem 528 m hohen Patersberg bei **Mainleus** (westl.). Es lohnt sich ...
Das einst für seine Schuhproduktion bekannte, über 100 Jahre alte **Burgkunstadt** (westl.) schmückt sich mit seinem Rathausensemble (17. Jh.), engen Gassen und Fachwerkhäusern.

INFORMATION

Tourist Information, Buchbindergasse 5, 95326 Kulmbach, Tel. 09221 9 58 80, www.kulmbach.de

2 Kronach

Bald 700 Jahre (bis 1803) gehörte das 18 000-Einw.-Städtchen am Fuße des Frankenwalds zum Hochstift Bamberg. Bis heute wirkt es beschaulich an der gemächlich fließenden Haßlach. Zahlreiche Fußgängerbrücken lassen die Leute ohne Umwege ans Ziel kommen.

SEHENSWERT

In Ober- und Unterstadt dominieren Kopfsteinpflaster und Sandstein, Schiefer- und Fachwerkbauten – und über allem thront die fünfeckige **Veste Rosenberg** mit mächtigen Bastionen und dem Dicken Turm (Urspr. 13. Jh., 16. und 18. Jh.). Marktplatz 1 ist das **Geburtshaus von Lucas Cranach d. Ä.** (1472–1553). **Waterfire** ist eine 10 m hohe Video-Freiluftskulptur von Fabrizio Plessi, die ein loderndes Feuer und einen Wasserfall zeigen (Landesgartenschaugelände).
In der Festung Rosenberg ist die **Fränkische Galerie des Bayerischen Nationalmuseums** untergebracht; hier sind u. a. Werke von Lucas Cranach und Tilman Riemenschneider zu sehen (www.bayerisches-nationalmuseum.de; März–Okt. Di.–So. 10.00–16.00 Uhr).

Waldsassen: Kräuter aus dem Klostergarten werden getrocknet und im Klosterladen verkauft.

AKTIVITÄT
In Fröschbrunna (südl.) lockt eine **Sommer- und Winterrodelbahn** (www.froeschbrunna.de; Ostern–Okt. tgl. 10.00–17.00, Nov.–Ostern Sa.–So. 13.00–16.00 Uhr).

HOTEL UND RESTAURANT
Im € € **Pfarrhof** nächtigt man in einem zum Hotel umgebauten Gebäude aus dem 15. Jh. (Amtsgerichtsstraße 12, 96317 Kronach, Tel. 09261 50 45 90, www.stadthotel-pfarrhof.de). Spezialitäten vom Holzkohlegrill und Bier aus dem Felsenkeller bietet der € € **Landgasthof Zum Goldenen Wagen** (Wötzelsdorf 13, Tel. 09261 9 48 10, www.gasthof-schmidt.de).

UMGEBUNG
Der 18 m hohe **Lucas-Cranach-Turm** auf dem 496 m hohen Kaltbucher Knock zwischen Kronach und Weißenbrunn bietet herrliche Blicke aufs Umland. Das schöne Renaissance-**Wasserschloss Mitwitz** (überw. 16. Jh.) ist ein beliebtes Ausflugsziel (www.schloss-mitwitz.de; Führungen unter Tel. 0151 51 78 01 02). Und im Hotel-Gasthof gegenüber gibt es schöne Zimmer und zünftige Rittermahle (Ludwig-Freiherr-von-Würtzburg-Straße 14, 96268 Mitwitz, Tel. 09266 96 70, www.hotel-wasserschloss.de).

INFORMATION
Tourist-Information, Marktplatz 5, 96317 Kronach, Tel. 09261 9 72 36, www.kronach.de

3 Bad Steben

Das Bayerische Staatsbad (3500 Einw.) war lange Zeit (ab 8. Jh.) eine Hochburg des Schieferbergbaus im Frankenwald. Über die Heilquellen wurde bereits im 15. Jh. berichtet.

SEHENSWERT
Das **Kurzentrum** und der blumenreiche Kurpark bestimmen das Bild. Die Dorf- und Wehrkirche **St. Walburga** (Urspr. um 1000) ist die älteste im Frankenwald; das Besondere: Es fehlt das Kirchenschiff. Das **Grafikmuseum Stiftung Schreiner** im Kurhaus zeigt Zeitgenössisches und wechselnde Ausstellungen (www.grafikmuseum-schreiner.de; tgl. 9.00–18.00 Uhr).

AKTIVITÄTEN
Die **Therme** mit Pool- und Saunalandschaft, 36-Grad-Sole-Außenbecken und Schieferstollen bietet alles für einen Wellness-Tag (Tel. 09288 9 10 10, www.therme-bad-steben.de; tgl. 9.00/10.00–22.00 Uhr).

VERANSTALTUNG
Das **Biedermeierfest** (Juni/Juli, in ungeraden Jahren) ist eine Zeitreise mit Herren im Gehrock und Damen in wallenden Kleidern, begleitet von Drehorgeln, Hochradfahrern und historischen Marktständen.

EINKAUFEN
Im **Schieferbergwerk** „Lotharheil" kann man schöne Schieferteller, Schmuck, Vasen aus Schiefer, aber auch Schiefertafeln und Griffel erwerben (Geroldsgrün, Tel. 09267 910, www.schieferladen.de; Sommer Mo.–Do. 8.00–17.00, Fr. 8.00–14.00 Uhr, sonst nach Anmeldung).

HOTEL UND RESTAURANTS
Das einzige gehobene Hotel ist das € € **Relaxa** (Badstraße 26, 95138 Bad Steben, Tel. 09288 720, www.relaxa-hotel-bad-steben.de).
Einfache Hausmannsskost kommt in der € € **Kaminstube** auf den Tisch, mit Biergarten (Hemplastraße 1a, Tel. 0170 2 48 55 18, www.diekultkneipe.de; Mo. Disko, Do. Livemusik)).
Das 400 Jahre alte Gasthaus € € **Adelskammer,** ältestes bewirtschaftetes Gasthaus im Frankenwald, liegt in Carlsgrün (westl.): alles aus eigenem Anbau oder eigener Zucht (Dorfplatz 10, Tel. 09288 84 40, www.gasthof-adelskammer.de).

UMGEBUNG
Angler zieht es nach **Schwarzenbach am Wald** (www.fischereiverein-schwarzenbach-foermitzspeicher.de), Wanderer auf den 18 m hohen Aussichtsturm auf dem Döbraberg, mit 794 m höchste Erhebung des Frankenwalds.

INFORMATION
Bayerisches Staatsbad Bad Steben GmbH, Badstraße 31, 95138 Bad Steben, Tel. 09288 74 70, www.bad-steben.de

Tipp

Am Busen der Natur

Beinahe wäre man an ihr vorbeigefahren: an der Jungferkättl, die in der weiteren Umgebung so bekannt ist, weil aus ihrem Busen an Kirchweih nicht Wasser, wie sonst, sondern Bier strömt. Der Nixen-Brunnen aus Sandstein steht direkt an der Bundesstraße 85 zwischen Kronach und Kulmbach in Weißenbrunn (www.weissenbrunn.de). Kirchweih ist am dritten Sept.-Wochenende – die Leute strömen dann herbei, mit Krügen in der Hand, um an Jungferkättls Brüsten ihr Seidla zu füllen.

4 Hof

Oft zerstört, ging es der größten bayerischen Stadt im Nordosten (47 000 Einw.) wie es im umliegenden Fichtelgebirge und Frankenwald häufig geht: auf und ab.

SEHENSWERT
Vom Rathausturm hat man einen schönen Rundblick über die nach einem Großbrand 1823 weitgehend biedermeierlich wiederaufgebaute **Altstadt** sowie die Ausläufer von Fichtelgebirge und Frankenwald. Es lohnt ein Blick in die historische Einsteighalle (1848) des **Alten Bahnhofs,** ein Stück Eisenbahngeschichte Deutschlands.

MUSEEN
Das **Museum Bayrisches Vogtland** bietet Heimat- und Wirtschaftsgeschichte, eine Kunstsammlung und einen guten Einblick in die regionale Tierwelt (Sigmundsgraben 6, Tel. 09281 815 27 00, www.museum-hof.de; Di.–Fr. 10.00–16.00, Sa., So. Fei. 13.00–18.00 Uhr).
Ungewöhnlich ist der **Fernwehpark Signs of Fame** für Freiheit und Völkerverständigung, wofür Ortsschilder symbolisch stehen: Es ist die größte Schildersammlung in Europa (Fabrikstraße 11, Oberkotzau, Tel. 09281 9 44 27, www.fernweh-park.de; tgl. ganztägig)

VERANSTALTUNGEN
Der **Schlappentag,** das große, seit 1432 bestehende Bierfest, wird eine Woche nach Pfingsten gefeiert (mit buntem Schützen- und Handwerkerumzug).

HOTEL UND RESTAURANT
Hinter seiner gründerzeitlichen Fassade bietet das € € **Hotel Burghof** handbemalte Decken und Wände (Bahnhofstraße 53, 95028 Hof, Tel. 09281 81 93 50, www.hotel-burghof.com).
Ein Hauch von Hollywood in Hof: Handabdrücke von mehr als 150 Stars geben den Rahmen für Steaks und Burger im € € € **Fernweh Diner** (Graben 26, Tel. 09281 549 39 30, www.fernwehdiner.de).

UMGEBUNG
Mödlareuth war einst wie Berlin von einer Mauer geteilt: In Oberfranken war sie 700 m lang und 3 m hoch – auch die Nachbildungen von Mauer, Stacheldrahtzäunen und Wachtürmen sind beklemmend genug (Tel. 09295 13 34,

https://moedlareuth.de; März–Okt. Di.–So. 9.00 bis 18.00, sonst Di.–So. 9.00–17.00 Uhr). Entenhausen-Freunde besuchen **Schnarchenreuth** in der Gemeinde Berg. Und in **Schwarzenbach an der Saale** wird Comic- und Donald-Fans das Erika-Fuchs-Museum gefallen (www.erika-fuchs.de; Di.–So. 10.00–18.00 Uhr).

INFORMATION
Tourist-Information, Ludwigstraße 24, 95028 Hof, Tel. 09281 815 77 77, www.hof.de

5 Marktredwitz

Zentrum (18 000 Einw.) einer schönen, aber strukturschwachen Region. Der Marktort gehörte lange zur böhmischen Reichsstadt Eger und damit später zu Österreich (bis 1816).

SEHENSWERT
Das **Alte Rathaus** mit Uhrturm geht auf das 14. Jh. zurück. 1777 stiftete Kaiserin Maria Theresia die **Theresienkirche.** Nicht verpassen: einen Wanderung zu den **Redwitziten,** grandiosen Steinformationen, die es nur hier gibt.

HOTEL UND RESTAURANT
Der **€ € Bairische Hof** ist die beste Wahl am Platz (Markt 40, 95615 Marktredwitz, Tel. 09231 6 20 11, www.bairischer-hof.de).
Die **€ € Brauerei Nothaft** bietet gutbürgerliche Küche (Ottostraße 30, Tel. 09231 20 77, www.brauerei-nothaft.de).

UMGEBUNG
In **Selb** (20 km nördl.) findet am ersten Aug.-Wochenende Europas größter Porzellan-Flohmarkt statt. In der ehem. Porzellanstadt **Arzberg** (10 km nordöstl.) blieb nur der Werksverkauf der nicht mehr betriebenen Porzellanfabrik.
Im 1133 gegründeten Kloster von **Waldsassen** (15 km östl.) leben heute zehn Schwestern. Ab 1214 war es eine der bedeutendsten Zisterzienserabteien Bayerns. Im 17. Jh. entstanden die Klosterbauten neu; die Stiftsbibliothek (um 1725) gehört zu den prachtvollsten in Deutschland (https://abtei-waldsassen.de; Di.-So. 13.00 bis 16.00 Uhr).
Die Luisenburg-Festspiele **Wunsiedel** im Aug. bieten ein abwechslungsreiches Programm von Volkstheater und Musical bis zu Drama, Operette und Oper (www.luisenburg-aktuell.de, www.wunsiedel.de). Der **Ochsenkopf,** zweithöchster Berg im Fichtelgebirge (1024 m), bietet Wintersportfreuden; im Sommer locken hervorragende Wanderwege, Mountainbike-Trails sowie eine Sommerrodelbahn (www.sommerrodelbahn-ochsenkopf.de) und ein Ziplinepark (www.ziplinepark.info), in dem man auf 16 Seilstrecken an einer Rolle hängend ins Tal gleitet. Gegenüber liegt Frankens höchste Erhebung, der **Schneeberg** (1051 m).

INFORMATION
Tourist Information, Markt 29, 95615 Marktredwitz, Tel. 09231 50 11 28, www.tourismus-marktredwitz.de

JA NATÜR LICH

DURCHS GRÜNE BAND

Lange teilte der Eiserne Vorhang Deutschland und Europa. Die Natur eroberte diese fast unberührte Grenzlinie. Es entstand das Grüne Band, ein Rückzugsgebiet für Tiere und Pflanzen. Bei einer Tour mit dem Fahrrad erfährt man die Einzigartigkeit und Vielfalt dieses Gebiets.

Otto Oeder war Beamter der bayerischen Grenzpolizei. Am Eisernen Vorhang. Am Todesstreifen. Von 1967 bis zur Wende 1989: „Ich habe so manchen DDR-Flüchtling in Franken empfangen", sagt der über 70-Jährige an einer kleinen Furt mitten im Grünen Band bei Bad Steben. Und er hat so manchen Schuss gehört ... 872 Todesopfer sind offiziell an der Grenze zur DDR verzeichnet. Die Dunkelziffer dürfte weit höher liegen. Oeders Buch „Grenzgänger: Auf Streife am Eisernen Vorhang" ist ein Zeitdokument. Und wenn man von einer Fahrradtour durchs Grüne Band zurückkommt, ist man gierig danach, zu lesen, wie es damals war ...

Aus dem ehemaligen Grenzstreifen ist das Grüne Band geworden, ein Rückzugsort für seltene Pflanzen und Tiere.

Beim Radeln mit dem E-Bike, das sich vor allem an so mancher Steigung bezahlt macht, ist der politische Aspekt ein zwar unsichtbarer, aber im Kopf stets präsenter Hintergrund. Wie eine hellgrüne Schlange aus Mischwiesen und Laubwald zieht sich das Grüne Band durchs Land, rechts und links eingerahmt von dunklen Fichtenwäldern, bestens sichtbar von Bergkuppen. Der Verlauf ist identisch mit dem Todesstreifen und seinen Stacheldrahtzäunen, die auf 1393 Kilometern für Schrecken sorgten. Diese Zeit ist glücklicherweise vorbei, und man darf dieses natürlich entstandene Biotop nicht nur aus der Ferne bewundern, sondern darin auch wandern oder mit dem Fahrrad befahren. Besonders lärmempfindliche Tiere, wie etwa den Schwarzstorch, bekommt man zwar nur selten zu sehen, aber wer keine Rehe sieht, der hatte einfach mal nur ein bisschen Pech ...

Ein **Tourenportal** mit zahlreichen Fahrradrouten und Wanderungen sowie eine interaktive Karte bietet die Webseite vom Frankenwald-Tourismus (Adolf-Kolping-Straße 1, 96317 Kronach, Tel. 09261 60 15 17, www.frankenwald-tourismus.de/de/draussen).
Verleihstationen für E-Bikes: www.frankentourismus.de/e-bike/verleihstationen

HILFREICH & NÜTZLICH

Keine Reise ohne Planung. Auf den folgenden Seiten haben wir für Sie Wissenswertes und wichtige Informationen für Ihren Urlaub in Franken zusammengefasst.

Jährlicher Höhepunkt auf dem Land: die Kirchweih, auch in Limmersdorf

Anreise

Mit dem Auto: Franken ist durch mehrere Autobahnen erschlossen. Die A 3 führt von Frankfurt nach Aschaffenburg, Würzburg und Nürnberg sowie weiter nach Passau. Die A 6 verbindet Mannheim mit Ansbach und Nürnberg bis Amberg. Auf der A 7 kommt man von Hamburg über Würzburg, Rothenburg und Dinkelsbühl bis Ulm, auf der A 9 von Berlin über Hof, Bayreuth und Nürnberg nach München. Die A 70 verbindet Schweinfurt, Bamberg und Bayreuth innerfränkisch, die A 73 Nürnberg mit Bamberg und Coburg (mit weiterem Streckenverlauf bis Suhl). Die A 71 führt von Schweinfurt über Bad Kissingen nach Erfurt und die A 81 von Würzburg über Tauberbischofsheim und Heilbronn nach Stuttgart.

Mit dem Bus: Praktisch jede fränkische Stadt ist durch einen Fernbusanbieter angebunden. Von den größeren Städten sind per Regionalbus auch kleinere Gemeinden erreichbar, manchmal allerdings mit erheblichem Zeitaufwand. Nützlich für die Fernstrecken ist der Fernbus-Vergleich www.fernbusse.de, auf dem alle Fernbusse nach Streckenangebot, Preis und Komfort verglichen werden können.
Mit der Bahn: Wichtige Eisenbahnknotenpunkte sind Würzburg und Nürnberg. Alle Informationen über Strecken, Abfahrts- und Fahrzeiten unter www.bahn.de.
Mit dem Flugzeug: Der Airport Nürnberg hat einige internationale Verbindungen sowie innerdeutsche nach Frankfurt/Main, Berlin, Hamburg und Düsseldorf (www.airport-nuernberg.de).

Info

Daten & Fakten

Allgemein: Franken hat eine Größe von rund 30 000 km² und nimmt damit knapp die Hälfte des Bundeslands Bayern ein, zu dem es gehört. Es gibt drei Regierungsbezirke: Oberfranken mit dem Verwaltungssitz Bayreuth, Mittelfranken (Ansbach) und Unterfranken (Würzburg).
Geografie: Franken liegt zwischen der Donau, den Bundesländern Baden-Württemberg, Hessen und Thüringen und dem Nachbarland Tschechische Republik. Die höchste Erhebung ist im Fichtelgebirge der Schneeberggipfel mit 1051 m. Es gibt neun Naturparks: Altmühltal, Bayerische Rhön, Fichtelgebirge, Frankenhöhe, Frankenwald, Fränkische Schweiz-Veldensteiner Forst, Haßberge, Spessart und Steigerwald.
Bevölkerung: Die Einwohnerzahl liegt bei gut 4 Mio., was etwa einem Drittel der bayerischen Bevölkerung entspricht. Die vier größten Städte Frankens sind Nürnberg (518 000 Einw.), Würzburg (128 000 Einw.), Fürth (128 000 Einw.) und Erlangen (112 000 Einw.). Der Anteil an Katholiken und Protestanten an der Bevölkerung Frankens ist etwa gleich groß, wobei weite Teile Mittel- und Oberfrankens evangelisch sind, Unterfranken hingegen stark katholisch geprägt ist.

Wirtschaft: Die Industrialisierung begann in Franken nach Einweihung der ersten deutschen Eisenbahnlinie Nürnberg–Fürth 1835. In Nürnberg wurden schon im 19. Jh. Dampfmaschinen, Lokomotiven und Elektromotoren hergestellt. Weitere Industriestandorte waren Hof, Bayreuth, Wunsiedel, Arzberg und Selb, in denen sich die Textil- und Porzellanindustrie ansiedelte.
Nach der Wende musste die Region immer wieder Übernahmen, Insolvenzen, Werkschließungen und die Verlagerung von Arbeitsplätzen an andere Standorte hinnehmen. SKF, Grundig, AEG oder Quelle sind bekannte Beispiele. Überdurchschnittliche Arbeitslosenzahlen sind die Folge. Dennoch steht Gesamtfranken wirtschaftlich gesehen solide im bundesdeutschen Mittelfeld, auch Dank erfolgreich operierender Großunternehmen wie MAN, Schaeffler, Adidas und Puma, die im Großraum Nürnberg sowie in Schweinfurt ihren Sitz haben. Wichtig ist zudem der Mittelstand mit Betrieben wie Faber-Castell und Staedtler.
Im Tourismus werden in Franken jährlich knapp 10 Mrd. Euro umgesetzt. Knapp 200 000 Menschen bestreiten vom Fremdenverkehr ihren Lebensunterhalt.

Auskunft

Übergeordnet, gibt der **Tourismusverband Frankentourismus** nur mäßig brauchbare Informationen heraus: Postfach 44 04 53, 90209 Nürnberg, Tel. 0911 94 15 10, www.frankentourismus.de.
Ratsamer ist es, sich an eines der regionalen Fremdenverkehrsämter zu wenden:
Informationszentrum Naturpark Altmühltal Notre Dame 1, 85072 Eichstätt, Tel. 08421 98 76 0, www.naturpark-altmuehltal.de
Mainland Miltenberg – Churfranken Mainstraße 83, 63897 Miltenberg, Tel. 09371 660 69 75, www.churfranken.de
Coburg-Rennsteig Tourist-Informationen, Herrngasse 4, 96450 Coburg, Tel. 09561 89 80 00, www.coburg-rennsteig.de
Tourismuszentrale Fichtelgebirge, Gablonzer Straße 11, 95686 Fichtelberg, Tel. 09272 96 90 30, www.fichtelgebirge.bayern
Tourismuszentrale Fränkische Schweiz, Oberes Tor 1, 91320 Ebermannstadt, Tel. 09191 86 10 54, www.fraenkische-schweiz.com
Tourismusverband Fränkisches Seenland, Postfach 1365, 91703 Gunzenhausen, Tel. 09831 50 01 20, www.fraenkisches-seenland.de
Fränkisches Weinland Tourismus, Turmgasse 11, 97070 Würzburg, Tel. 0931 37 23 35, www.fraenkisches-weinland.de
Frankenwald Tourismus Service Center, Adolf-Kolping-Straße 1, 96317 Kronach, Tel. 09261 60 15 17, www.frankenwald-tourismus.de
Tourismusverband Naturpark Haßberge, Marktplatz 1, 97461 Hofheim in Unterfranken, Tel. 09523 503 37 10, www.hassberge-tourismus.de
Tourist Information Städteregion Nürnberg, Tourist Information Fürth, Bahnhofplatz 2, 90762 Fürth, Tel. 0911 979 46 70, www.staedteregion-nuernberg.de
Nürnberger Land Tourismus, Amberger Straße 54, 91217 Hersbruck, Tel. 09123 950 60 62, http://urlaub.nuernberger-land.de
Tourist-Information der fränkischen Rennsteigregion, Lauensteiner Straße 44, 96337 Ludwigstadt, Tel. 09263 97 45 41, www.rennsteigregion-im-frankenwald.de

Die Brotzeit ist der Franken vierte Hauptmahlzeit: Preßsack, Sülze, angemachter Backsteinkäse, Dosenfleisch, blaue Zipfel, Zwetschgenbamers … Und dazu ein Bier, ob hell, dunkel oder unfiltriert.

Tourismus GmbH Bayerische Rhön, Spörleinstraße 11, 97616 Bad Neustadt an der Saale, Tel. 09771 687 60 60, www.rhoen.de
Tourismusverband Romantisches Franken (um Rothenburg), Am Kirchberg 4, 91598 Colmberg, Tel. 09803 9 41 41 www.romantisches-franken.de
Tourist-Information Spessart-Mainland, Industriering 7, 63868 Großwallstadt, Tel. 06022 26 10 20, www.spessart-mainland.de
Tourismusverband Steigerwald, Naturpark Steigerwald, Hauptstraße 1, 91443 Scheinfeld Tel. 09162 57 54 99 90, www.steigerwald-info.de
Tourismusverband Liebliches Taubertal, Gartenstraße 1, 97941 Tauberbischofsheim, Tel. 09341 82 58 06, www.liebliches-taubertal.de
Auch die auf den Infoseiten der einzelnen Kapitel genannten Verkehrsämter halten Informationsmaterial bereit.

Essen und Trinken

Restaurants: Eine kleine Restaurant-Auswahl wird auf den Infoseiten genannt. Die unten aufgeführten Preiskategorien beziehen sich auf ein Hauptgericht. Die **Essenszeiten** sind die üblichen – allerdings wird in Franken recht früh zu Abend gegessen. In so manchem Dorf wird es nach 20.00 Uhr schon schwierig, noch eine warme Mahlzeit zu bekommen.
Fränkische Küche: „Kinder wern groß mit Kloß mit Soß", sagt man gerne in Franken. Und es zeigt bereits, wohin die Reise geht: Deftiges steht im Mittelpunkt. Zu den bekanntesten Spezialitäten zählen die regional sehr unterschiedlichen **Bratwürste:** Da wären die kleinen Nürnberger, die größeren Kulmbacher, Hofer und Coburger, die bis zu 18 cm langen Ansbacher und die Meterbratwurst aus Sulzfeld. Auch Blaue Zipfel sind Bratwürste aus einem Sud aus Zwiebeln, Essig und Lorbeer. Das **Schäuferla,** ein knusprig gebratenes Schulterstück vom Schwein (mit Knochen!), serviert mit rohen Klößen, ist das Fast-Nationalgericht. Ebenfalls hoch in der Gunst angesiedelt: **Knöchla mit Kraut,** gepökeltes Eisbein, in Sauerkraut und Kümmel gegart, und frische **Schlachtplatte** mit Blut- und Leberwürsten, die in der Gunst der Franken nur noch vom **Hochzeitsessen** übertroffen wird: erst Rinderbrühe mit Pfannkuchenstreifen, Backerbsen ähnlichen Schwimmerle und Leberklößchen und dann Tafelspitz mit Meerrettichsauce, breiten Nudeln und Preiselbeeren. Überhaupt ist **Kren,** wie die Franken den Meerrettich nennen, aus ihrer Küche nicht wegzudenken, ob bei der Großmutter oder im Gourmettempel.
Klöße sind die wichtigste Beilage zu allen Braten und werden in vielen Varianten aus Kartoffeln hergestellt: als rohe, gekochte oder halbseidene (halb und halb). Dabei wären sie ohne einen Bauern namens Hans Rogler aus Rehau im Landkreis Hof überhaupt nicht denkbar. Denn er war es, der 1647 als erster in Deutschland die **Kartoffel** anbaute. Die Knolle spielt deshalb in Franken eine wichtige Rolle, oft sogar als Hauptgericht. Die **Bamberger Hörnla** sind eine überaus wohl schmeckende, länglich-schmale Kartoffelsorte, die nur dort angebaut und verkauft wird.
Zwischen April und dem 24. Juni gibt es keine Speisekarte ohne **Spargel**, meist mit Kartoffeln, Kochschinken und Buttersauce.
Eine besondere Rolle auf Frankens Speisekarten spielt auch der **Karpfen.** Einer aus dem Aischgrund im südlichen Steigerwald, der Länge nach halbiert, gebacken oder blau, ist ein Gedicht – jedoch nur von Sept. bis April. Sonst hat er Schonzeit.
Wer in Bamberg und Umgebung auf der Brotzeitkarte **Zwetschgenbamers** entdeckt: bestellen! Denn diesen zart geräucherten Rinderschinken gibt's nicht an jeder Ecke.

Preiskategorien

€€€€	Hauptspeisen	über 20 €
€€€	Hauptspeisen	15–20 €
€€	Hauptspeisen	10–15 €
€	Hauptspeisen	bis 10 €

Getränke: Zu den Speisen passt ein kräftiges Bier aus Ober- oder ein feiner Wein aus Unterfranken. Gekrönt von einem Aromawunder aus Kirschen, Zwetschgen oder Birnen aus einer der zahllosen fränkischen Brennereien.
Süßes: Unter den süßen Köstlichkeiten müssen zuerst die **Nürnberger Lebkuchen** erwähnt werden, aber auch **Hutzel- oder Früchtebrot,** handgemachte **Lauensteiner Pralinen** aus dem Kronacher Land, **Bernecker Pfeffernüsse** aus dem Fichtelgebirge oder **Rothenburger Schneebälle.** Nicht zu vergessen die **Kuchen vom Blech:** Apfel-, Zwetschgen- oder Käseplotz aus Unterfranken.

Feiertage und Feste

Religiöse und politische Feiertage sind neben den bundesweit gültigen: Heilige Drei Könige am 6. Jan., Fronleichnam (2. Do. nach Pfingsten), Maria Himmelfahrt am 15. Aug. und Allerheiligen am 1. Nov.

Tipp

Schöne Touren

Trotz guter Bahn- und Busverbindungen, Franken ist ein wunderbares Gebiet für Auto- und Motorradtouren. Auf der Fahrt über die **Frankenwald-Hochstraße** erlebt man die herbe landschaftliche Schönheit des Feriengebietes. Vergleichbares gilt für die **Panoramastraße** im benachbarten **Fichtelgebirge** sowie im Westen für die **Steigerwald-Höhenstraße,** die sich auf 70 km durch die Landschaft schlängelt. Ein Tipp für Motorradfahrer: im Coburger Land durchs **Kleinziegenfelder Tal** fahren, wo sich die Landstraße durch das enge Tal des Weismains windet. Die rund 50 km lange **Spessart-Höhenstraße** führt ein wenig über die Grenze ins Hessische. Und zwischen bizarren Felsformationen verlaufen die Strecken im **Altmühltal** und in der **Fränkischen Schweiz.** Dort besonders fürs Motorrad geeignet: die ehem. Rennstrecke am Würgauer Berg. Wunderschön sind aber auch Touren im eher flachen **Fränkischen Weinland,** durch verwunschen-gemütliche Winzerdörfchen, sei es nun in der Gegend um Würzburg oder im **Rotweingebiet um Miltenberg.** Eine facettenreiche Reise steht zudem im **Romantischen Franken** auf dem Programm, wo mittelalterliche Städte wie Rothenburg und Dinkelsbühl die Ausflügler erwarten.
Ein letzter Tipp nur für Biker ist südlich des Fränkischen Seenlands der **Enduro-Park in Hechlingen**, in dem Einsteiger, Fortgeschrittene oder Profis gleichermaßen auf ihre Kosten kommen.

Anzeigen

DREI-FRANKEN-ECK
Abenteuer erleben
im
Drei-Franken-Eck
NATURPARK
STEIGERWALD
Kommunale Allianz
Drei-Franken-Eck
Burghaslach | Geiselwind | Schlüsselfeld
www.drei-franken-info.de

Mein
Sehnsuchtsort
am Main
Romantisches Weinstädtchen
Historische Altstadt
Vielfältige Gastronomie
97475 Zeil a.Main
www.zeil-am-main.de

FASZINATION
KAISERPFALZ
4 MUSEEN UNTER
2 DÄCHERN.
PFALZMUSEUM FORCHHEIM www.kaiserpfalz.forchheim.de

FAHRRAD FAHREN
WANDERN
GENIEßEN
Markt Heiligenstadt i.OFr.
91332 Heiligenstadt
www.markt-heiligenstadt.de

Herzlich Willkommen in der
Nördlichen Fränkischen Schweiz
Aufseß – Glashütten – Hollfeld
Obernsees – Plankenfels
www.noerdliche-fraenkische.de
Wandern – Radeln
Brauereienweg Aufseß
Kindererlebniswege
Therme Obernsees
Hollfeld – Kunst & Kultur
Touristinfo Hollfeld
Marienplatz 18
96142 Hollfeld
Tel. (0)9274 98015
Info-Shop Obernsees
An der Therme 2
95490 Mistelgau
Tel. (0)9206 992375

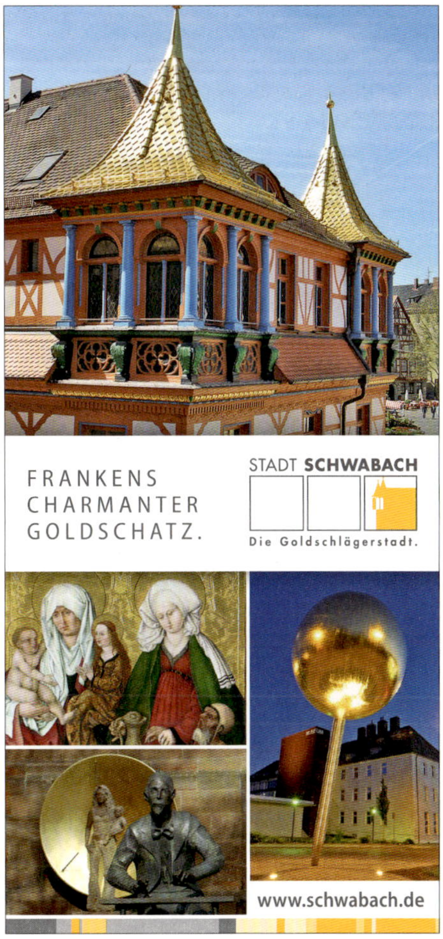
FRANKENS
CHARMANTER
GOLDSCHATZ.
STADT SCHWABACH
Die Goldschlägerstadt.
www.schwabach.de

Freizeit genießen &
Heilsbronn entdecken
idyllische Landschaften
abwechslungsreiche Radwege
reizvolle Wanderwege
Erkunden Sie die
Münsterstadt selbst oder
bei einer Gästeführung
zum Wunschtermin.
Wir beraten Sie gerne:
Amt für Kultur und Tourismus
09872 806-51
kulturamt@heilsbronn.de
heilsbronn.de
Kultur und Tourismus Heilsbronn
Stadt
Heilsbronn

Info

Geschichte

800–300 v. Chr. Keltische Stämme erreichen das nördliche heutige Franken.
ab 100 v. Chr. Die Expansion Roms und der Vorstoß germanischer Stämme leitet den Niedergang der keltischen Kultur ein.
bis 200 Der Limes wird angelegt.
600–1000 Frankenherrschaft und Christianisierung.
1190 Franken avanciert zum Mittelpunkt der Herrschaft im Heiligen Römischen Reich; Nürnberg wird 1219 Reichsstadt; seine Burg gehört zu den bedeutendsten Kaiserpfalzen des Mittelalters.
nach 1508 Das Heilige Römische Reich wird in Reichskreise eingeteilt. Der Fränkische Reichskreis prägt die Eingrenzung des heutigen Frankens.
1521/1525 Reformation und Bauernkrieg. Besonders hart betroffen ist das Würzburger Gebiet, in dem zahlreiche Burgen und Klöster niedergebrannt werden.
1608 Im Zug der Gegenreformation werden einige Gebiete Frankens rekatholisiert.
1618–1648 Dreißigjähriger Krieg. Schwedische Truppen rücken 1631 bis nach Franken vor. Große Bevölkerungsverluste.
1803 Auf Druck Napoleon Bonapartes gehen große Teile Frankens an Bayern.
1806 Das Heilige Römische Reich zerfällt. Bayern wird Königreich von Napoleons Gnaden und erhält weitere Gebiete, u. a. die Reichsstadt Nürnberg, Ansbach und Bayreuth.
1814/1815 Auf dem Wiener Kongress fallen auch Aschaffenburg und Würzburg ans Königreich Bayern.
1835 Die erste Lokomotive auf deutschem Boden verkehrt von Nürnberg nach Fürth.
1848 Liberale Forderungen nach republikanischen Strukturen gipfeln in Revolten.
1866 Bayern verliert als Verbündeter Österreichs den Deutschen Krieg gegen Preußen. Die geschwächte Macht Bayerns mildert den Gegensatz zwischen Franken und Bayern.
1918 Mit dem Ende des Ersten Weltkriegs endet auch die Monarchie in Bayern. Der Freistaat Bayern wird ausgerufen.
1935 In Nürnberg werden die Rassengesetze beschlossen: Die antisemitische Ideologie der Nationalsozialisten bekommt eine vorgebliche juristische Grundlage.
1939–1945 Zweiter Weltkrieg. Franken ist stark von alliierten Luftangriffen betroffen, besonders Nürnberg als Industriestandort und der Verkehrsknotenpunkt Würzburg. Nach der Kapitulation wird Franken amerikanische Besatzungszone.
1945–1949 „Nürnberger Prozesse": Erstmals werden die Vertreter eines zum Zeitpunkt ihrer Taten souveränen Staates für ihr Handeln zur Rechenschaft gezogen.
1946 Der Freistaat Bayern wird gegründet – mit drei fränkischen Regierungsbezirken.
1949 Gründung der Deutschen Demokratischen Republik. Franken wird Grenzland.
1981 Die Residenz in Würzburg wird erstes UNESCO-Weltkulturerbe in Franken.
1992 Der Main-Donau-Kanal wird nach 30-jähriger Bauzeit eröffnet.
2018 Wiedereröffnung des Markgräflichen Opernhauses in Bayreuth.

Der **Tag der Franken** ist der 2. Juli, weil an diesem Tag im Jahr 1500 das Alte Reich in Reichskreise gegliedert wurde und so der spätere Fränkische Reichskreis entstand. Das Landesfest richtet rotierend und jedes Jahr unter anderem Motto eine der fränkischen Städte aus. Seit der Einführung des Tages der Franken waren dies Nürnberg, Bamberg, Miltenberg, Bad Windsheim, Kulmbach, Bad Kissingen, Schwabach, Bayreuth, Ochsenfurt, Erlangen, Hof, Kitzingen, Ansbach und Neustadt (https://tag-der-franken.de).
Der **Nürnberger Christkindlesmarkt** ist einer der bekanntesten und beliebtesten Weihnachtsmärkte überhaupt und mit 2,5 Mio. Besuchern aus aller Welt auch einer der größten der Erde. Viele andere fränkische Städte und Gemeinden bauen ebenfalls jedes Jahr Weihnachtsmärkte auf.
Auch Volksfeste und Kirchweihen (Kärwa) sind weit verbreitet. So findet seit 1826 das **Nürnberger Volksfest** statt, zweimal jährlich im Herbst und im Frühling. Es ist mit knapp 2 Mio. Besuchern das größte in Franken. Seit 900 Jahren gibt es die **Michaeliskirchweih** in **Fürth**, eines der ältesten Volksfeste Frankens und mit mehr als 1 Mio. Besuchern. Fast ebenso viele strömen zur **Bergkirchweih** in **Erlangen,** deren Ursprünge bis 1755 zurückreichen, und auf das **Kiliani-Volksfest** in **Würzburg**.
Weitere interessante Feste und Bräuche sind auf den Infoseiten der einzelnen Kapitel beschrieben.

Notrufnummern

Polizei 110
Feuerwehr 112
Notarzt 112
Sperr-Notruf, zentral für Kredit- und EC-Karten oder elektronische Zugangsberechtigungen 116116

Reisezeit

Franken ist eine Region, die man das ganze Jahr über bereisen kann, weil sie auch bei schlechtem Wetter einiges zu bieten hat. Im Allgemeinen ist die Zeit zwischen Ende April und Anfang Okt. wettermäßig recht sicher. Zwischen Mai und Sept. geht man weniger Schlechtwetterrisiken ein. Die Temperaturunterschiede zwischen Sommer und Winter sind enorm: 35 °C im Juli sind nicht selten, –10 °C im Jan. aber auch nicht. Mittelwerte liegen im Winter um 0 °C, im Frühjahr/Herbst um 10 bis 15 °C sowie im Sommer zwischen 20 und 25 °C.

Unterkunft

Hotels und Gasthöfe: Eine **kleine Auswahl** ist auf den jeweiligen Infoseiten dieses Bildatlas zu finden. Die unten genannten Preiskategorien beziehen sich auf ein Doppelzimmer mit Frühstück.
Jugendherbergen: 23 stehen in Franken zur Wahl, darunter auch in Burgen wie in Nürnberg oder historischen Gemäuern wie in Dinkelsbühl. Es gibt sie in Bad Kissingen, Bamberg, Bayreuth, Burg Rothenfels (zwischen Wertheim und Lohr), Burg Wernfels (nördl. des Fränkischen Seenlands), Dinkelsbühl, Feuchtwangen, Forchheim, Großheubach (Main-Viereck), Gunzenhausen, Hartenstein (nordöstl. Nürnberg), Hof, Königsberg in Bayern, Lohr am Main, Nürnberg, Pottenstein, Rieneck (Rhön), Rothenburg, Schweinfurt, Wirsberg (bei Kulmbach), Wunsiedel (bei Marktredwitz) und Würzburg. Informationen und Buchungsmöglichkeit im Internet unter http://bayern.jugendherberge.de.
Urlaub mit Kindern: Den Bayern sind Kinder als Gäste wichtig. Deshalb hat sich Bayern Tourismus den Begriff Kinderland schützen lassen. Wo immer der Gast das rote Kinderland-Zeichen sieht, weiß er, dass der Anbieter auf mindestens 50 Qualitätskriterien unabhängig getestet wurde. Das gilt für einen Bauernhof, die Ferienwohnung, Hotels oder Campingplätze ebenso wie für Freizeitparks, Museen oder Spaßbäder (www.bayern.by/erlebnisse/familienurlaub).
Urlaub auf dem Bauernhof: Das bedeutet schon mal frische Kuhmilch – mit gewöhnungsbedürftigem Geschmack! – statt Tetrapackmilch zum Frühstück wie im Hotel ... Mittlerweile weisen die meisten Bauernhof-Fremdenzimmer einen modernen Standard auf. Und so müssen Gäste bei meistens vielen Tieren und manchmal auch Stallgeruch inmitten schöner Natur nicht auf TV und Bad im Zimmer verzichten. Eine Übersicht aller (gemeldeten) Anbieter von Urlaub auf dem Bauernhof, integriert in eine interaktive Karte, findet sich auf www.blauergockel.de/franken/familienurlaub.
Urlaub für Menschen mit Handicap: Eine Übersicht der Angebote der fränkischen Urlaubsgebiete mit barrierefreiem Reisen findet sich unter www.frankentourismus.de/urlaub-fuer-alle.

Preiskategorien

€€€€	Doppelzimmer	über 200 €
€€€	Doppelzimmer	150–200 €
€€	Doppelzimmer	100–150 €
€	Doppelzimmer	50–100 €

REGISTER

Fette Ziffern: Abbildungen

Impressum

4. Auflage 2021

Verlag: DuMont Reiseverlag, Postfach 3151, 73751 Ostfildern, Tel. 0711 45 02-0, Fax 0711 45 02-135, www.dumontreise.de
Geschäftsführer: Dr. Stephanie Mair-Huydts, Markus Schneider
Programmleitung: Birgit Borowski
Redaktion: Frank Müller (red.sign, Stuttgart)
Text: Jochen Müssig, München
Exklusiv-Fotografie: Georg Knoll, Rodenbach
Titelbild: Huber Images/Reinhard Schmid
Zusätzliches Bildmaterial: S. 3 Jochen Müssig, 20 l. Weingut Alte Grafschaft, 20 r. Weingut Fürst, 21 o. l. Weingut Sauer, 21 o. r. picture-alliance/dpa/Nicolas Armer, 21 u. Jochen Müssig, 36 o. l. und o. r. DuMont Bildarchiv/Johann Scheibner, 46 l. laif/Martin Kirchner, 47 o. r. Markus Kirchgessner, 75 DuMont Bildarchiv/Ulrich Teschner, 3, 86 l. Jochen Müssig, 87 o. l. Werbeagentur e-studio/Stefan Wollin, 87 o. r. laif/Dagmar Schwelle, 87 u. Jochen Müssig, 90 o. l. DuMont Bildarchiv/Kai Maeritz, 90 u. Markus Kirchgessner, 101 o. laif/LeFigaro Magazine/William Daniels, 118 laif/Gregor Lengler, 120 und 121 Markus Kirchgessner, 128 l. lookphotos/age fotostock, 128 r. picture-alliance/dpa/Daniel Karmann, 129 o. l. laif/Dagmar Schwelle, 129 o. r. mauritius images/SZ Photo Creative, 129 M. laif/Andreas Hub, 129 u. shutterstock/franconiaphoto
Bayerische Verwaltung der staatlichen Schlösser, Gärten und Seen (S. 7 r., 26 o. und u., 27, 28 o., 35, 64 l., 76 l., 99 r., 104 o., 117 r. u. © Bayerische Schlösserverwaltung, www.schloesser.bayern.de)
Grafische Konzeption, Art Direktion: fpm factor product münchen
Cover-Gestaltung, Layout: CYCLUS · Visuelle Kommunikation, Stuttgart
Kartografie: © MAIRDUMONT GmbH & Co. KG, Ostfildern
Kartografie Lawall (Karten für „Unsere Favoriten")
DuMont Bildarchiv: Marco-Polo-Straße 1, 73760 Ostfildern, Tel. 0711/4502-0, bildarchiv@mairdumont.com
Für die Richtigkeit der in diesem DuMont Bildatlas angegebenen Daten – Adressen, Öffnungszeiten, Telefonnummern usw. – kann der Verlag keine Garantie übernehmen. Nachdruck, auch auszugsweise, nur mit vorheriger Genehmigung des Verlages. Erscheinungsweise: jeden zweiten Monat.
Anzeigenvermarktung: MAIRDUMONT MEDIA, Tel. 0711/4502-0, Fax 0711/4502-1012, media@mairdumont.com, http://media.mairdumont.com
Vertrieb Zeitschriftenhandel: PARTNER Medienservices GmbH, Postfach 810420, 70521 Stuttgart, Tel. 0711/7252-212, Fax 0711/7252-320
Vertrieb Abonnement: Leserservice DuMont Bildatlas, Zenit Pressevertrieb GmbH, Postfach 810640, 70523 Stuttgart, Tel. 0711/7252-265, Fax 0711/7252-333, dumontreise@zenit-presse.de
Vertrieb Buchhandel und Einzelhefte: MAIRDUMONT GmbH & Co KG, Marco-Polo-Straße 1, 73760 Ostfildern, Tel. 0711/4502-0, Fax 0711/4502-340
Reproduktionen: PPP Pre Print Partner GmbH & Co. KG, Köln
Druck und buchbinderische Verarbeitung: NEEF + STUMME GmbH, Wittingen
Printed in Germany

FSC www.fsc.org MIX Papier aus verantwortungsvollen Quellen FSC® C001857

Urlaub erinnern …

Jeder Urlaub geht einmal zu Ende – was bleibt, sind die Mitbringsel, aber auch die Erinnerungen an Land und Leute, an Aromen und Düfte und an manche Kuriosität.

ANS UNIVERSUM DENKEN

In kaum einer anderen deutschen Region als der Rhön kann man dem Himmel so nahe sein – das UNESCO-Biosphärenreservat ist kaum vom künstlichen Licht großer Städte beeinträchtigt. Nach Einbruch der Dunkelheit zeigt das Gebiet mit seiner geringen Lichtverschmutzung rare Sternschönheiten am Himmel, als würde sich das Fenster zum Universum öffnen. Ein Anblick, den man nicht vergisst.

IN DIE 501 SCHLÜPFEN

Im Levi Strauss Museum in Buttenheim erfährt man alles über den Erfinder der Jeans, eben jenen Herrn Strauss, der in dem oberfränkischen Dorf geboren wurde. Dem Museum ist ein Shop angeschlossen, der auch sonn- und feiertags geöffnet ist und die jeweils aktuelle Levi's Kollektion führt. Natürlich auch den Klassiker 501: Und an diese 501 aus dem Levi-Strauss-Geburtsort erinnert man sich später ganz sicher immer wieder sehr gern.

BOCKSBEUTEL SÜFFELN

Genau drei fränkische Schoppen passen in einen Bocksbeutel. Seit knapp 300 Jahren ist er die typische Flasche für den Frankenwein. Zunächst durfte nur der Würzburger Stein darin abgefüllt werden, später auch andere gute Tropfen. Bei dem einen oder anderen unterfränkischen Winzer sollte man auf jeden Fall seine Kellervorräte aufstocken. Einziger Wermutstropfen: Es gibt kaum noch Bocksbeutel mit Korken. Schade …

LYRIK LESEN

„Ich saz ûf eime steine/und dahte bein mit beine/dar ûf satzt ich den ellenbogen/ich hete in mîne hant gesmogen", reimte Walther von der Vogelweide. Seine mittelalterliche Lyrik hat weder an Wärme noch an Bedeutung verloren. Es lohnt sich, ein paar Gedichte Walthers, der möglicherweise 1230 in Würzburg verstarb, zu lesen (etwa im mittelhochdeutschen Original mit Übersetzung unter www.projekt-gutenberg.org). Im Würzburger Lusamgärtlein ist sein Grabmal.

FRÄNKISCHE BRATWÜRSTE LIEBEN

Dra im Weggla aus dem mittelfränkischen Nürnberg sind weltbekannt: Über Buchholzfeuer werden sie gegrillt und bekommen dadurch ihren unnachahmlichen Geschmack. Im oberfränkischen Coburg sind sie deutlich größer und im unterfränkischen Sulzfeld gehen die Wörschd sogar als Meterbratwurst an den Mann. Auf der letzten Station der Frankenreise unbedingt fränkische Bratwürste eingeschweißt mitnehmen – und den Duft in der Nase …

ELISENLEBKUCHEN GENIESSEN

Sie gelten als die besten weltweit: Elisenlebkuchen aus Nürnberg. Mindestens 25 Prozent Mandel- und Nussanteil müssen sie haben, sonst dürfen sie den Namen nicht tragen. Er geht auf den Namen Elisabeth zurück, eine Nürnberger Lebküchner-Tochter. Schausen Sie an den Marktständen nach Lebkuchen-Bruch: gleiche Qualität, halber Preis, weil manche Stücke leicht angebrochen sind, meist aber nur eine etwas ungleichmäßige Form haben.

»ALLMÄCHD NA!«

Ausdruck des allerhöchsten Erstaunens in Franken

MUNDART MITNEHMEN

Eine Konfirmation, das große Fressen, die Verwandtschaft und ein Konfirmand, der zum Schweigen verurteilt ist: Wer die Chance hat, das Mundartstück „Schweig, Bub" von Fitzgerald Kusz irgendwo in Franken zu sehen, der sollte sich Karten dafür besorgen. Und wenn es nicht klappt mit der Aufführung, nimmt man sich das Büchlein für zu Hause auf dem Sofa mit.

WAGNER FÜR DAHEIM

Berühmt wurde der Konzeptkünstler Ottmar Hörl 2003 mit seinen 7000 Dürer-Hasen auf dem Nürnberger Hauptmarkt. Einige fanden später sogar ihren Weg bis nach Südkorea. Hörl entwarf bunt-schrille Figuren von Einstein bis Marx, Brecht bis Goethe, von Ludwig II. bis (natürlich) Richard Wagner, den es in Kunststoff noch zu kaufen gibt: Stückpreis um 600 Euro, allerdings nur online unter www.ottmar-hoerl.de.

EINE FAHNE HISSEN

Von A wie Allwetterfahne im fränkischen Rot-Weiß mit Rechen über B wie Bierkrüge aus Ton und S wie Schoppenweinkrüge bis W wie Wimpel: In der Regensburger Straße 75 in Nürnberg gibt's den Frankenladen mit allen möglichen Souvenirs, die irgendwie mit Franken zu tun haben, darunter auch Leckereien in Präsentkörben und Flüssiges wie Bier von 24 fränkischen Brauereien oder feine Schnäpse.

AN FRANKEN ERINNERN

Ein Bier (0,5 Liter!) für 2,50, ein einfacher, aber guter Mittagstisch häufig unter zehn und eine Übernachtung in der Ferienpension ab 20 bis 30 Euro pro Person mit Frühstück – wo gibt es das schon noch? Franken ist preisgünstig, und daran sollte man sich erinnern, wenn man mal wieder Deutschland-Urlaub bucht. Es muss ja nicht gerade Bayreuth zur Festspielzeit oder Nürnberg zur Spielwarenmesse sein ...

PRO
GRAMM

FRANKREICH SÜDWESTEN OKZITANIEN

Eine faszinierende Vielfalt zeichnet die südfranzösische Region zwischen der Rhone und der Grenze zu Spanien aus mit nahezu unberührten Landschaften wie den Cevennen und tollen Städten wie Toulouse und Montpellier.

Die schönsten Bastiden
Kennen Sie Aigues-Mortes, Mirepoix oder Najac? Nein? Müssen Sie kennenlernen. Es sind mittelalterliche Städtchen von unglaublichem Reiz.

www.dumontreise.de

NORDSEEKÜSTE SCHLESWIG-HOLSTEIN

Platt ist das Land
In Dithmarschen, auf der Eiderstedter Halbinsel, in Nordfriesland, auf Sylt, Amrum und Föhr, auf Pellworm, Nordstrand und natürlich auf den Halligen.

Genussmomente am Meer
Ein kaltes Bier mit den Füßen im warmen Sand, deftiger Pannfisch in den Dünen, ein Cocktail zum Sunset am Kliff – die schönsten Locations für Genussmomente.

LIEFERBARE AUSGABEN

DEUTSCHLAND
207 Allgäu
216 Altmühltal
220 Bayerischer Wald
180 Berlin
162 Bodensee
217 Brandenburg
175 Chiemgau, Berchtesg. Land
013 Dresden, Sächsische Schweiz
152 Eifel, Aachen
157 Elbe und Weser, Bremen
168 Franken
020 Frankfurt, Rhein-Main
112 Freiburg, Basel, Colmar
028 Hamburg
026 Hannover zw. Harz und Heide
042 Harz
023 Leipzig, Halle, Magdeburg
210 Lüneburger Heide
188 Mecklenburgische Seen
038 Mecklenburg-Vorpommern
033 Mosel
190 München
047 Münsterland
223 Nordseeküste Schleswig-Holstein
006 Oberbayern
161 Odenwald, Heidelberg
035 Osnabrücker Land, Emsland
002 Ostfriesland, Oldenburger Land
164 Ostseeküste Mecklenburg-Vorpommern
154 Ostseeküste Schleswig-Holstein
201 Pfalz
040 Rhein zw. Köln und Mainz
185 Rhön
186 Rügen, Usedom, Hiddensee
206 Ruhrgebiet
149 Saarland
182 Sachsen
159 Schwarzwald Norden
045 Schwarzwald Süden
018 Spreewald, Lausitz
008 Stuttgart, Schwäbische Alb
141 Sylt, Amrum, Föhr
204 Teutoburger Wald
170 Thüringen
037 Weserbergland
173 Wiesbaden, Rheingau

BENELUX
156 Amsterdam
011 Flandern, Brüssel
179 Niederlande

FRANKREICH
177 Bretagne
021 Côte d'Azur
032 Elsass
228 Frankreich Südwesten Okzitanien
019 Korsika
213 Normandie
001 Paris
198 Provence

GROSSBRITANNIEN/ IRLAND
187 Irland
202 London
189 Schottland
227 Südengland

ITALIEN/MALTA/ KROATIEN
181 Apulien, Kalabrien
211 Gardasee
222 Golf von Neapel, Kampanien
163 Istrien, Kvarner Bucht
215 Italien, Norden
005 Kroatische Adriaküste
167 Malta
155 Oberitalienische Seen
158 Piemont, Turin
014 Rom
165 Sardinien
003 Sizilien
203 Südtirol
039 Toskana
091 Venedig, Venetien

GRIECHENLAND/ ZYPERN/ TÜRKEI
034 Istanbul
016 Kreta
176 Türkische Südküste, Antalya
229 Zypern

MITTEL- UND OSTEUROPA
104 Baltikum
208 Danzig, Ostsee, Masuren
169 Krakau, Breslau, Polen Süden
044 Prag
193 St. Petersburg

ÖSTERREICH/ SCHWEIZ
192 Kärnten
004 Salzburger Land
196 Schweiz
226 Tirol
197 Wien

SPANIEN/PORTUGAL
043 Algarve
214 Andalusien
150 Barcelona
025 Gran Canaria, Fuerteventura, Lanzarote
172 Kanarische Inseln
199 Lissabon
209 Madeira
174 Mallorca
225 Porto, Nordportugal
007 Spanien Norden, Jakobsweg
219 Teneriffa, La Palma, La Gomera, El Hierro

SKANDINAVIEN/ NORDEUROPA
166 Dänemark
212 Finnland
153 Hurtigruten
029 Island
200 Norwegen Norden
178 Norwegen Süden
151 Schweden Süden, Stockholm

LÄNDERÜBERGREIFENDE BÄNDE
224 Donau – Von der Quelle bis zur Mündung
112 Freiburg, Basel, Colmar
221 Kreuzfahrt in der Ostsee

AUSSEREUROPÄISCHE ZIELE
183 Australien Osten, Sydney
109 Australien Süden, Westen
218 Bali, Lombok
195 Costa Rica
024 Dubai, Abu Dhabi, VAE
160 Florida
036 Indien
205 Iran
027 Israel, Palästina
111 Kalifornien
031 Kanada Osten
191 Kanada Westen
171 Kuba
022 Namibia
194 Neuseeland
041 New York
184 Sri Lanka
048 Südafrika
012 Thailand
046 Vietnam